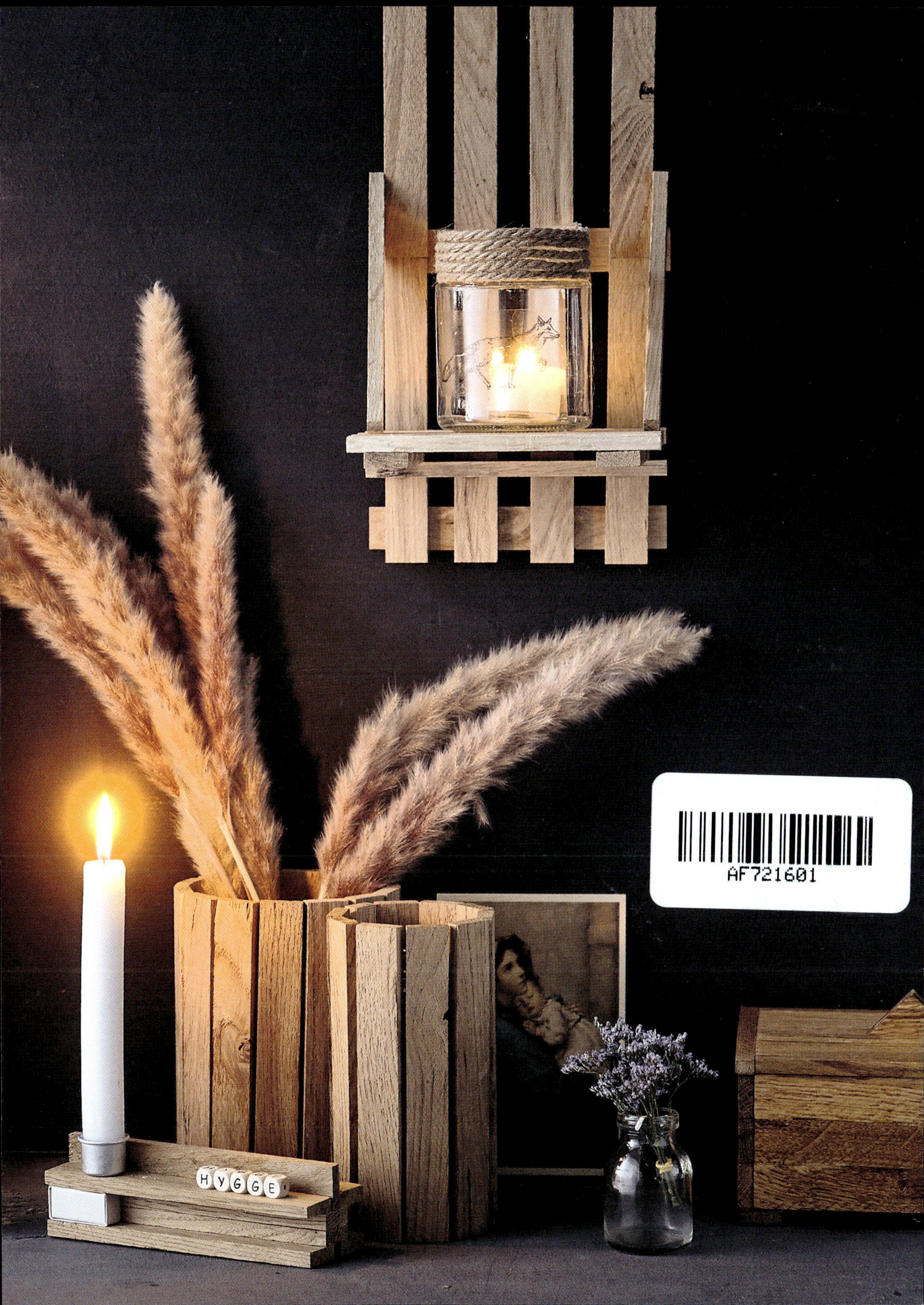
HYGGE

MICHAELA RICHTER · LOUISE LINDGRÜN · ANJA SCHRÖDER

KLÖTZCHEN Fieber!

ANGESAGTE HOLZDEKO

SUPER EASY SELBST GEMACHT

Inhalt

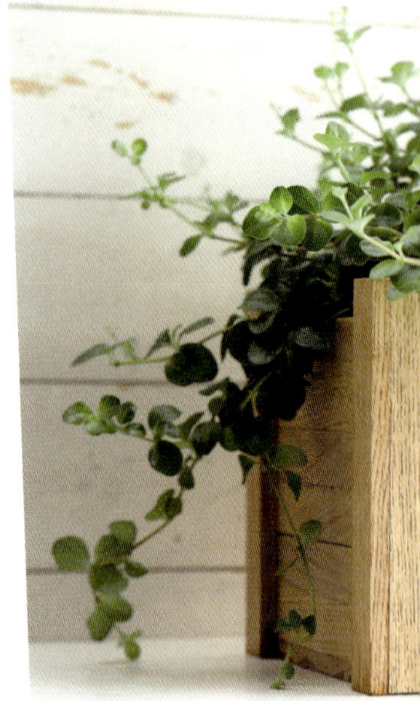

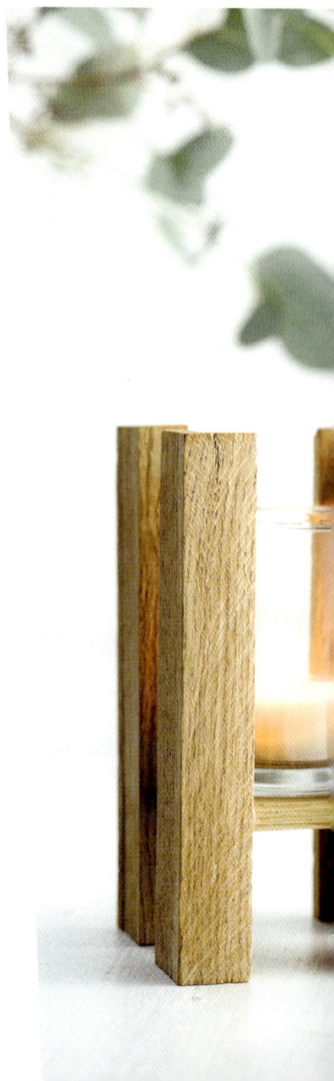

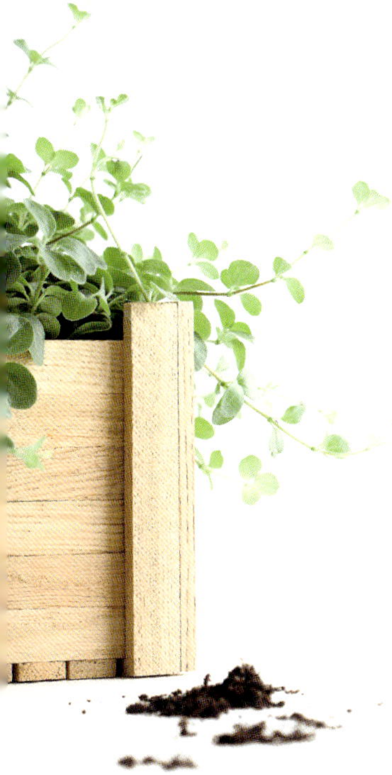
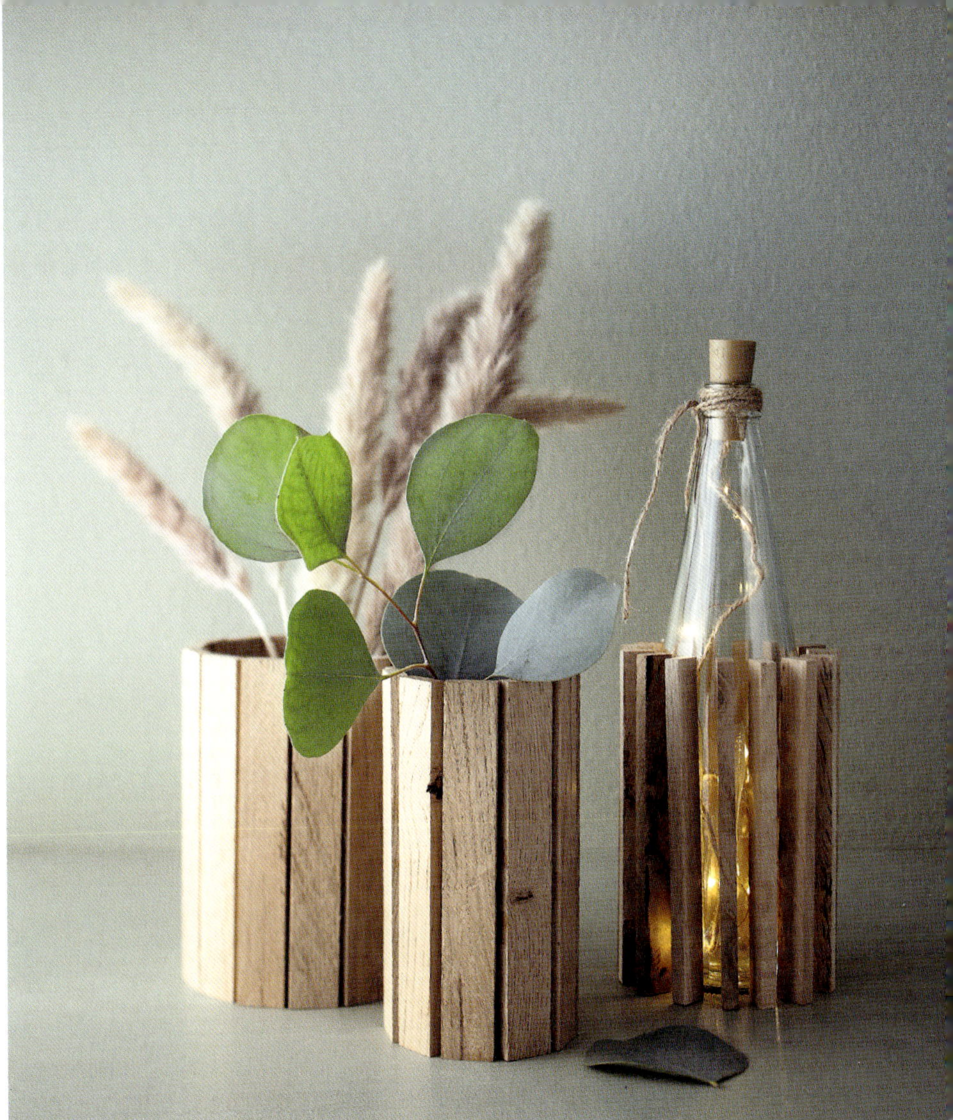
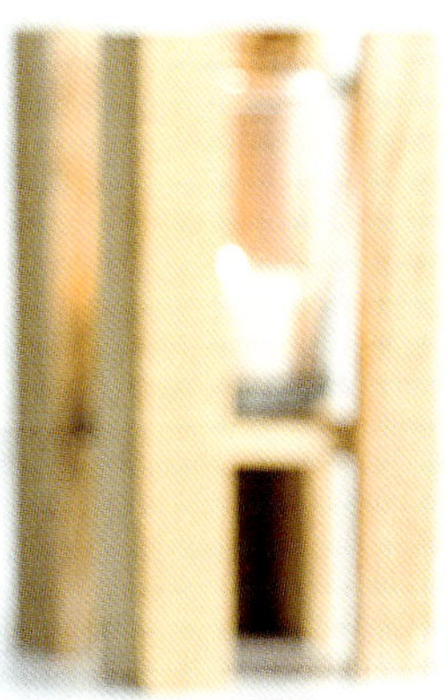
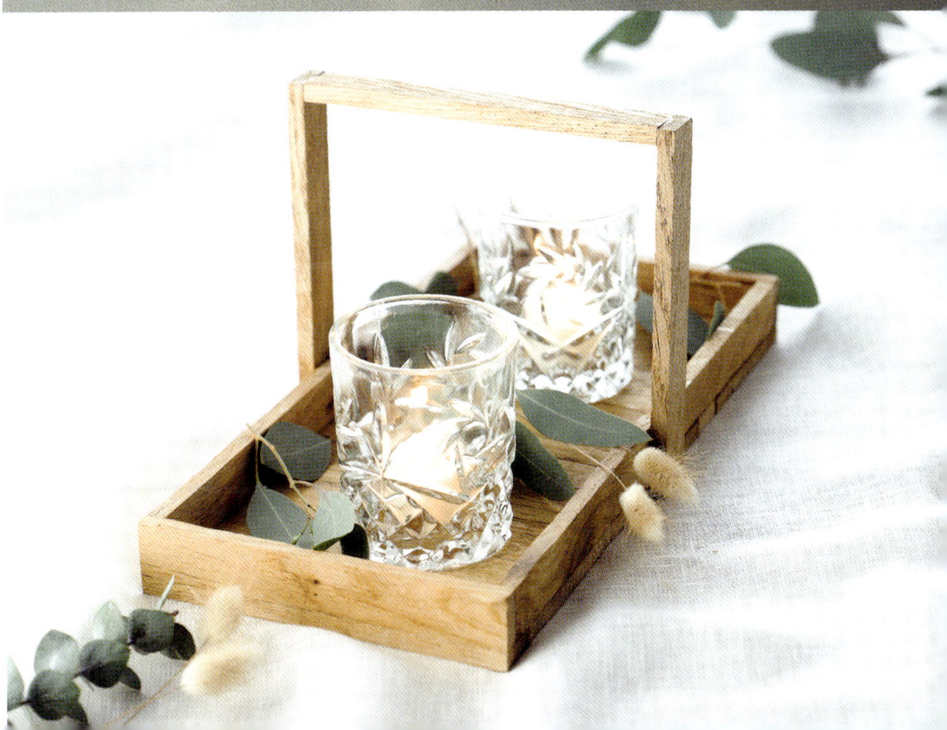

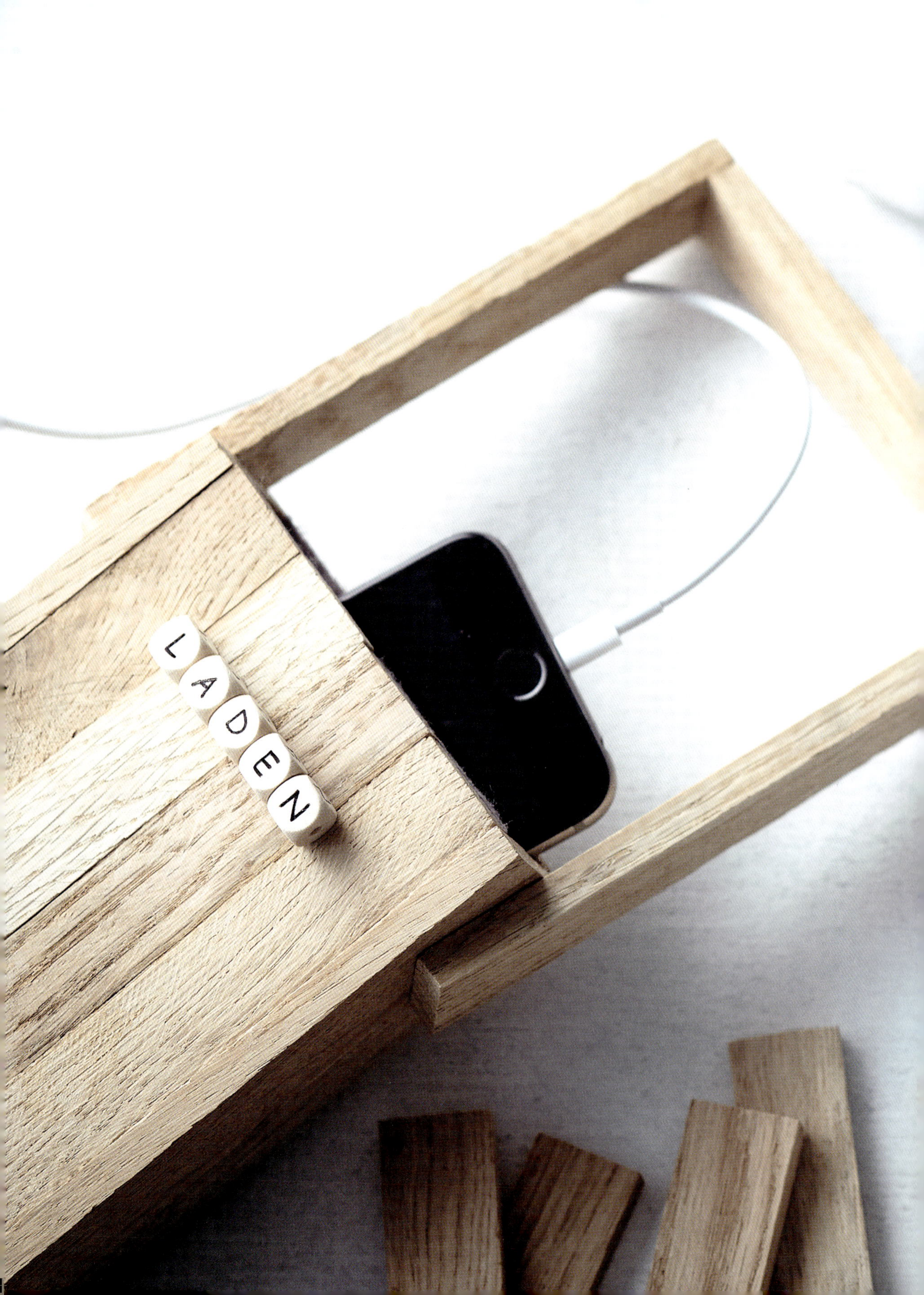
LADEN

AUF DIE KLÖTZCHEN, FERTIG, LOS!

Schnapp dir eine Handvoll Stäbchenparkett-Hölzer und etwas Holzleim und schon kannst du DEN heißesten DIY-Trend mitmachen. Schaffe im Handumdrehen wundervolle Deko-Objekte oder praktische Aufbewahrungsgegenstände. Du liebst den warmen und natürlichen Look von Holz, aufwendige Säge- und Bohrarbeiten haben dich aber bisher davon abgeschreckt, selbst großartige Projekte zu realisieren? Dann sind die Anleitungen in diesem Buch perfekt für dich, denn die meisten Modelle kannst du ganz ohne Sägemehl und Bohrmaschinenlärm umsetzen. Also ran an die Klötzchen und losgebaut!

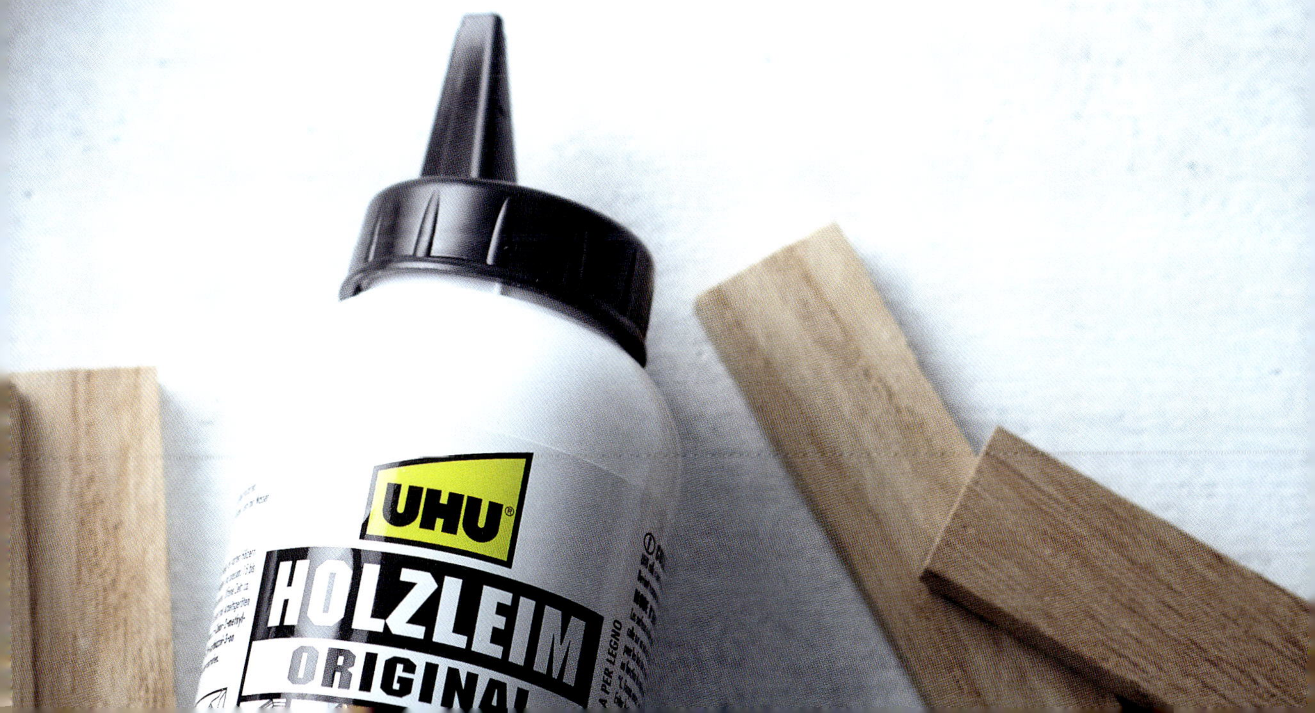

Grundanleitung

Viele tolle Gegenstände lassen sich mit wenig Aufwand aus den flachen Holzklötzchen gestalten. Trotzdem ist es hilfreich, wenn du dich, bevor du dein erstes Projekt beginnst, mit den wichtigsten Grundtechniken vertraut machst. So hast du viel Spaß beim Zusammenbauen und deine Dekoobjekte sind gut verarbeitet und langlebig.

Platten zusammenleimen

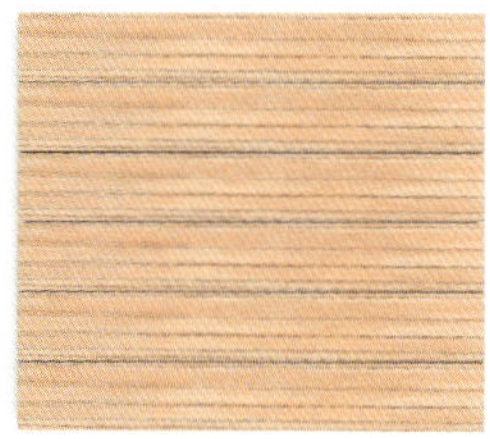

Je nach Modell werden Platten in verschiedenen Größen benötigt. Dazu wird Holzleim auf eine der langen schmalen Kanten aufgetragen, danach wird das nächste Stäbchen exakt Kante an Kante angelegt. So fährst du fort, bis die Platte die gewünschte Größe erreicht hat. In den Anleitungen wird immer ganz genau angegeben, wie viele Klötzchen und mit welchen Maßen für die jeweilige Platte benötigt werden. Vor der weiteren Verarbeitung gut trocknen lassen, damit die Verbindungen stabil sind.

Winkel zusammenleimen

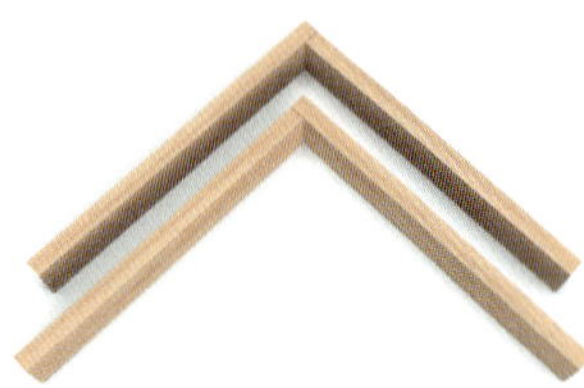

Für die Projekte in diesem Buch werden zwei verschiedene Arten von Winkeln verwendet. Aus den großen Winkeln entstehen z.B. Dächer für das Leuchthäuschen oder das Insektenhotel. Dabei wird auf die **schmale kurze Kante** des Klötzchens Holzleim aufgetragen. Diese Kante setzt du dann an einem Ende auf der breiten kurzen Seite eines zweiten Klötzchens an. Gut festdrücken und trocknen lassen.

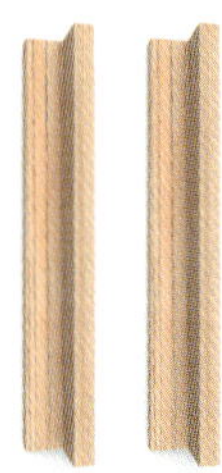

Schmale Winkel werden oftmals als Standfüße verwendet. Hier wird ebenfalls ein Klötzchen auf ein weiteres geklebt. Diesmal trägst du den Holzleim aber auf die **schmale lange Kante** des ersten Klötzchens auf. Diese Kante setzt du nun bündig auf die breite Seite des zweiten Klötzchens. Gut festdrücken und trocknen lassen.

Es ist praktisch, immer auch ein paar Winkel auf Vorrat da zu haben, denn sie sind ein klasse Hilfsmittel, um saubere, gerade Kanten zu bekommen. Setze dafür einfach von jeder Seite einen Winkel an dein Werkobjekt (z.B. eine Platte) und schiebe so die Klötzchen zusammen.

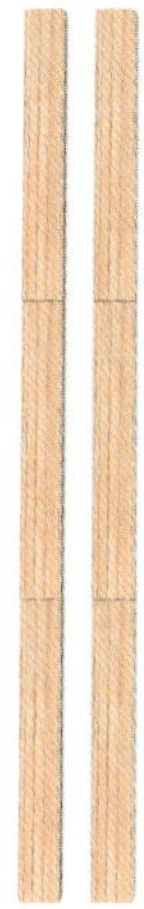

Stäbe

Aus Holzklötzchen lassen sich sehr einfach auch größere Gegenstände gestalten. Für diese werden oftmals lange Stäbe benötigt. Hierfür trägst du Holzleim auf eine schmale kurze Kante eines Klötzchens auf. An diese Kante setzt du das zweite Klötzchen ebenfalls mit einer schmalen kurzen Kante an. Die Klebestelle stabilisierst du zum Trocknen am besten mit einer Klemmzwinge, so kann nichts verrutschen. Je nachdem, wie lang die benötigten Stäbe werden sollen, wiederholst du die vorherigen Arbeitsschritte.

Rahmen

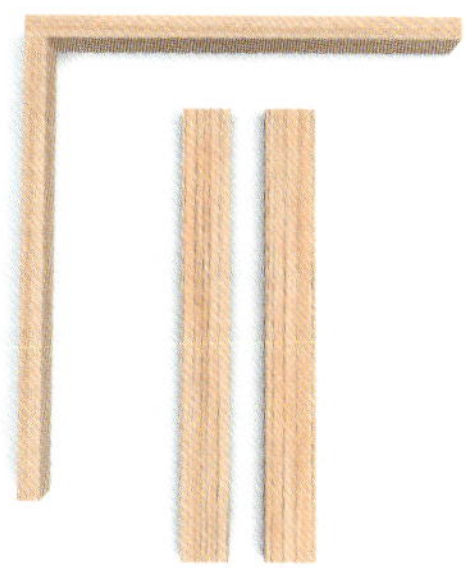

Einige Modelle in diesem Buch haben Rahmen als Basis. Insgesamt benötigst du für einen Rahmen vier Klötzchen. Zu Beginn leimst du, so wie schon vorher beschreiben, aus zwei Klötzchen einen großen Winkel zusammen. Das dritte Klötzchen klebst du dann am anderen Ende des ersten ebenfalls mit der schmalen kurzen Kanten an. Zuletzt wird der Rahmen mit dem vierten Klötzchen geschlossen, indem du es bündig an die schmalen kurzen Kanten der beiden vorherigen Klötzchen klebst.

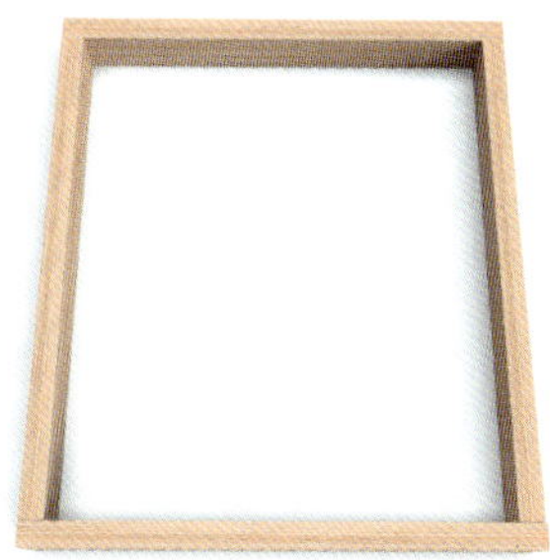

Lass den Rahmen gut trocknen, bevor du ihn weiterverarbeitest. Zur Stabilisierung kannst du die Seiten, an denen die Klötzchen von außen aufliegen, z.B. jeweils mit einem Winkel zusammendrücken oder mit Malerkrepp umwickeln.

Sägen und glätten

Die meisten Projekte in diesem Buch lassen sich supereinfach ohne Anpassung der Klötzchen umsetzen. Doch manchmal kommt man nicht darum herum, die Klötzchen auf ein bestimmtes Maß zuzusägen. Markiere dir die benötigte Länge am besten mit einem Bleistift und säge das Klötzchen mit einer gewöhnlichen Handsäge zu. Für manche Modelle werden Klötzchen auch in einem bestimmten Winkel zugesägt, dabei kann eine Gehrungslade sehr hilfreich sein. Hast du keine zur Hand, kannst du auch hier einfach eine Markierung anbringen und entsprechend sägen.
Wichtig ist es, dass du nach dem Sägen die Sägekante mit einem Schleifpapier glättest. So wird die weitere Verarbeitung erleichtert und es entstehen keine rauen oder „fransigen" Stellen an deinem Modell.

Material

Klötzchen

Bei den in diesem Buch verwendeten Holzklötzchen handelt es sich um Stäbchenparkett-Hölzer, die es in vielen verschiedenen Arten und mit unterschiedlichen Maßen zu kaufen gibt. Die Klötzchen gibt es z.B. aus Buchen-, Eichen- oder Kirschholz, aber auch aus besonderen Hölzern wie Mahagoni, Ebenholz oder Akazie. Die Maße der Klötzchen sind genormt, was das Gestalten mit ihnen auch so angenehm und einfach macht. Für die Modelle im Buch wurden Klötzchen in drei verschiedenen Maßen verwendet: 22x8x160 mm, 16x8x160 mm und 10x8x160 mm.
Halte immer auch einige einzelne Klötzchen in unterschiedlichen Größen griffbereit und verwende sie nach Bedarf als Abstandhalter.

Holzleim

Für das Zusammenbauen der Modelle ist ein guter Holzleim unerlässlich. Sobald du zwei Holzteile aufeinandergedrückt hast, hast du eine Weile lang auch noch die Möglichkeit sie zu verschieben und ggf. ihre Position zu korrigieren. Neben dem normalen Holzleim gibt es auch Express-Holzleim, der schneller trocknet, sodass du keine langen Wartezeiten zwischen den einzelnen Arbeitsschritten hast. Überquellenden Holzleim kannst du direkt mit einem Wattestäbchen oder Küchenkrepp entfernen. Du kannst ihn aber auch trocknen lassen (im trockenen Zustand wird er transparent) und ggf. abschleifen.

Heißkleber

Um Transparentpapier oder kleinere Dekoelemente auf den Holzmodellen anzubringen, kannst du Heißkleber verwenden. Er eignet sich allerdings nicht dafür, Holzteile miteinander zu verbinden oder Holz auf glatte Oberflächen anzubringen. Sobald der Heißkleber aufgetragen ist, ist etwas Eile angesagt, da er schnell abkühlt und hart wird. Sobald das gewünschte Element aufgeklebt wurde, kann meistens nicht mehr korrigiert werden.

Silikonkleber

Zum Anbringen von Holzklötzchen auf glatten Oberflächen wie z.B. Glasvasen oder Dosen hat sich Silikonkleber bewährt.

Säge und Gehrungslade

Für manche Modelle müssen Klötzchen auch mal auf eine bestimmte Länge zugesägt werden. Dafür kannst du eine gewöhnliche Handsäge verwenden. Eine Gehrungslade ist sehr hilfreich, wenn du Klötzchen auch mal in einem bestimmten Winkel zusägen musst.

Schleifpapier

Vor allem zugesägte Klötzchen sollten an der Sägekante mit Schleifpapier geglättet werden, damit eine saubere Weiterverarbeitung möglich ist. Auch Kleberückstände können mit Schleifpapier einfach entfernt werden.

Klemmzwingen und Malerkrepp

Für bessere Stabilisierung beim Trocknen von zwei Holzteilen kannst du in vielen Fällen Klemmzwingen verwenden. An Stellen, an denen das nicht möglich ist, kannst du Malerkrepp benutzen. So lassen sich z.B. problemlos Ecken fixieren. Das Malerkrepp lässt sich nach dem Trocknen wieder einfach und rückstandslos entfernen.

Holzöl

Deiner Klötzchen-Deko kannst du mithilfe von Holzöl einen neuen Look verpassen. Je nach Öl kannst du dem Holz eine andere Färbung bzw. einen besonderen Effekt verleihen. Es gibt z.B. Öle, die das Holz optisch altern lassen oder ihm einen modernen Graustich geben. Der Vorteil bei der Verwendung von Holzöl ist, dass die schöne Holzstruktur weiterhin sichtbar bleibt.

Acrylfarbe

Auch bunte Farbeffekte sind möglich, z.B. mit Acrylfarbe. Die Klötzchen kannst du nach Lust und Laune mit der Farbe bestreichen. Beachte dabei aber, dass die Holzstruktur, anders als beim Holzöl, nach dem Anstrich nicht mehr sichtbar sein wird.

Wattestäbchen und Küchenkrepp

Halte immer einige Wattestäbchen und etwas Küchenkrepp bereit, um überquellenden Holzleim abzuwischen.

Lineal und Bleistift

Zum Abmessen und Markieren ist ein Lineal und ein spitzer Bleistift notwendig.

Praktisches Hängeregal

19 Klötzchen à 22x8x160 mm

Holzleim

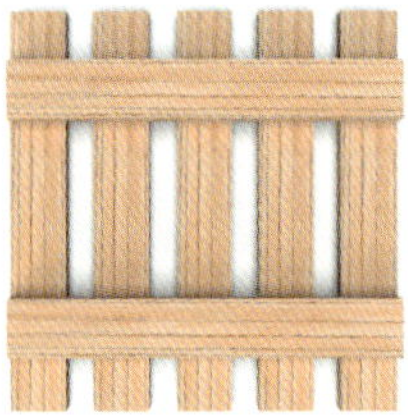

1. 7 Klötzchen.

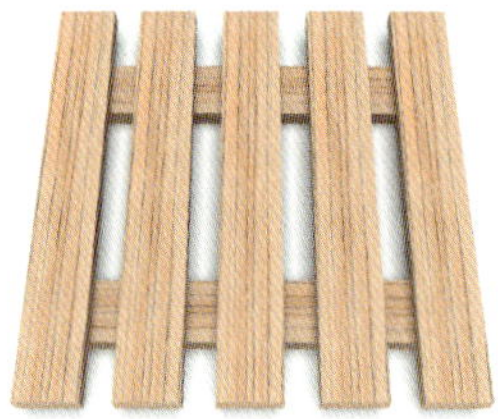

2.

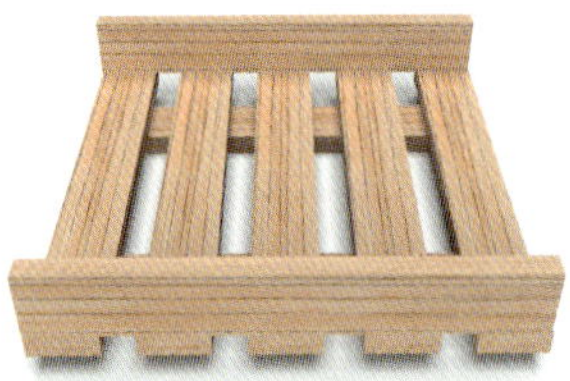

3. Plus 2 Klötzchen.

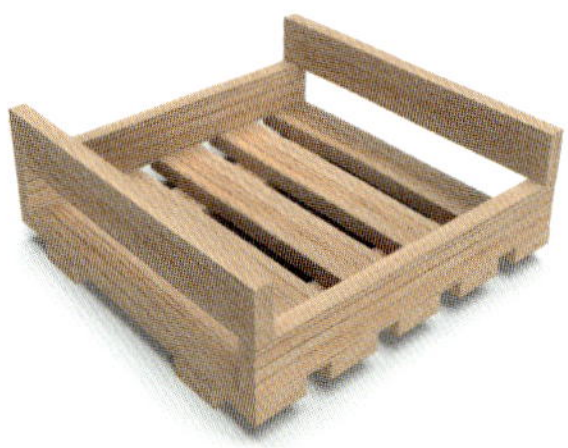

4. Plus 2 Klötzchen.

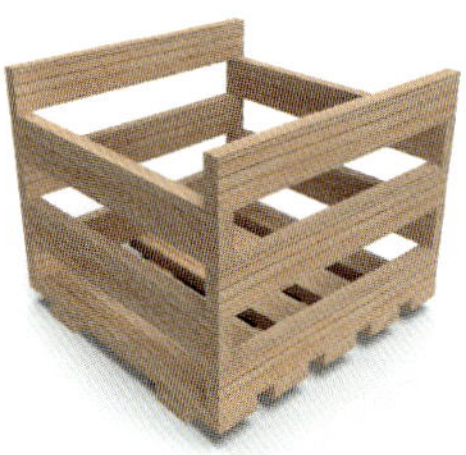

5. Plus 6 Klötzchen.

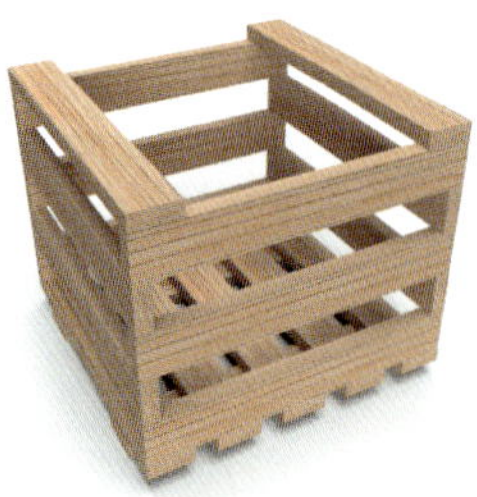

6. Plus 2 Klötzchen.

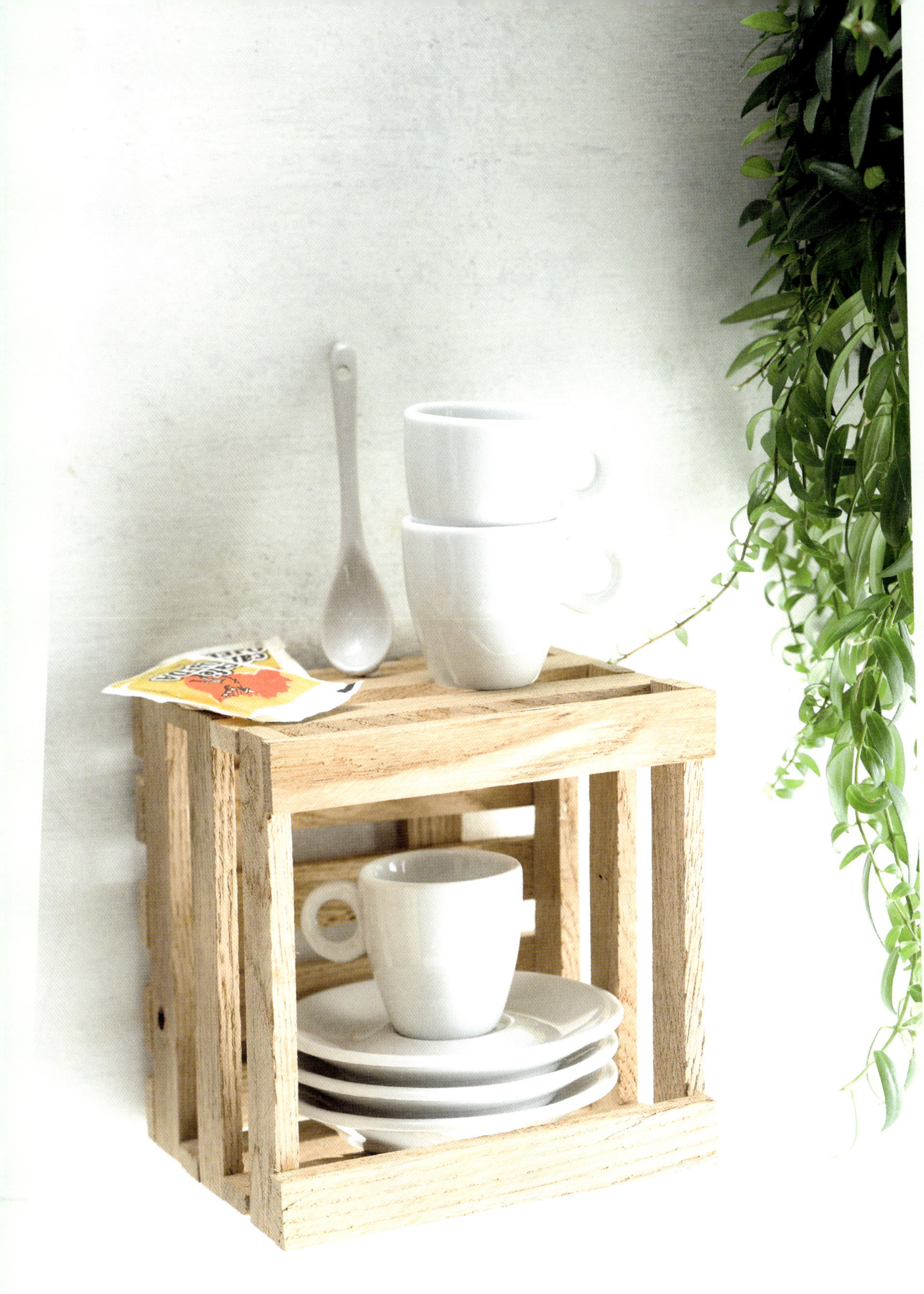

Elegante Etagere

68 Klötzchen à 22x8x160 mm
Holzkugel, ø 4 cm
4 Holzkugeln, ø 3cm
Holzleim

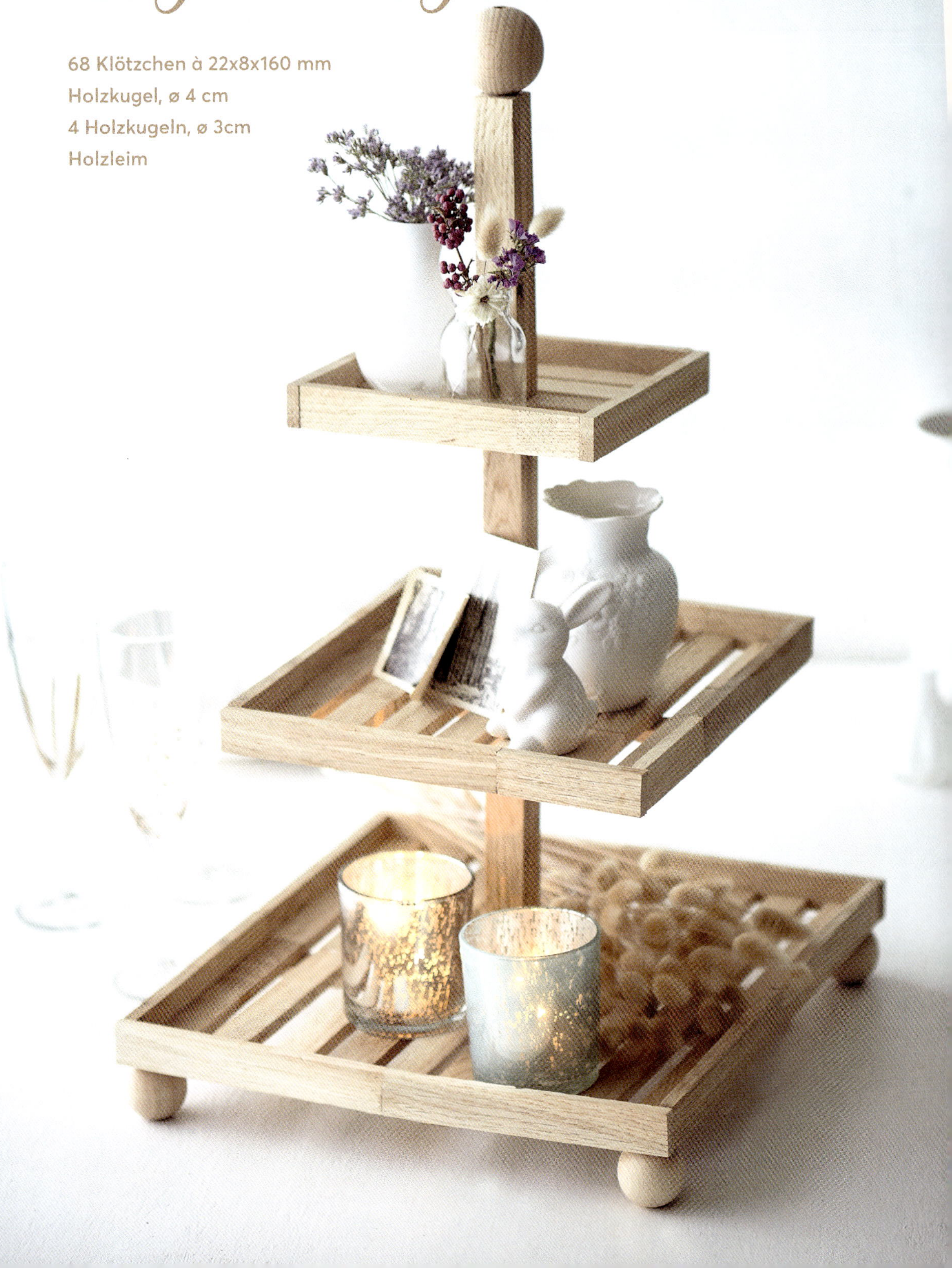

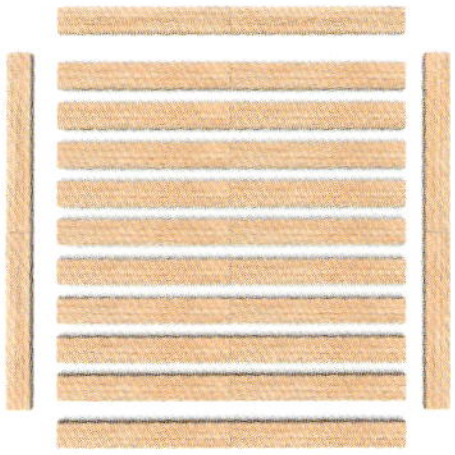

1. 13x 2 Klötzchen.

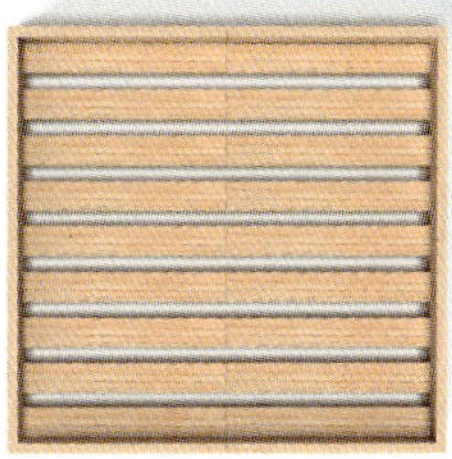

2.

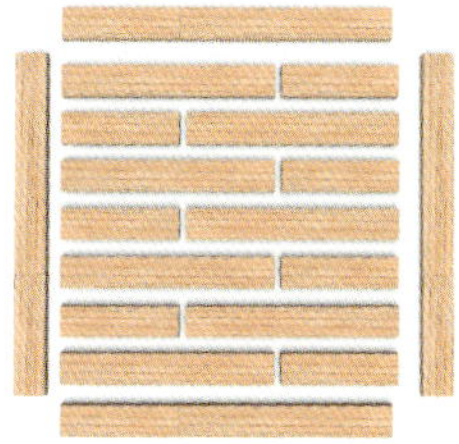

3. 6 Klötzchen in der Mitte durchsägen. 11 ganze + 11 halbe Klötzchenn verwenden.

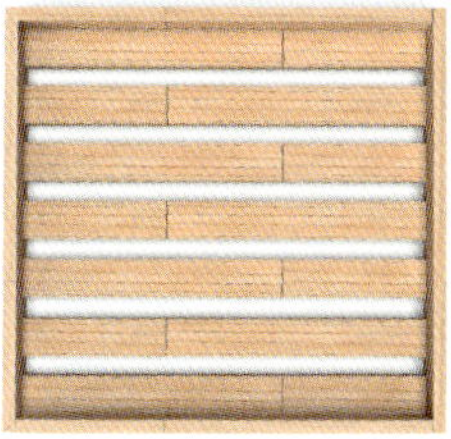

4.

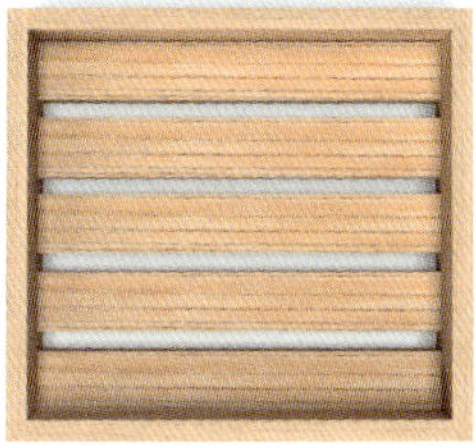

5. 9 Klötzchen.

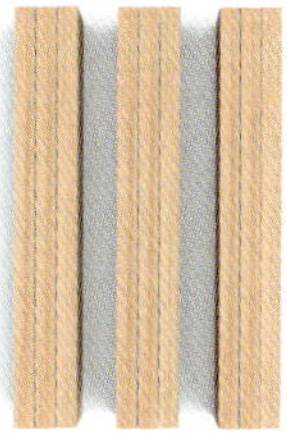

6. 3x 3 Klötzchen.

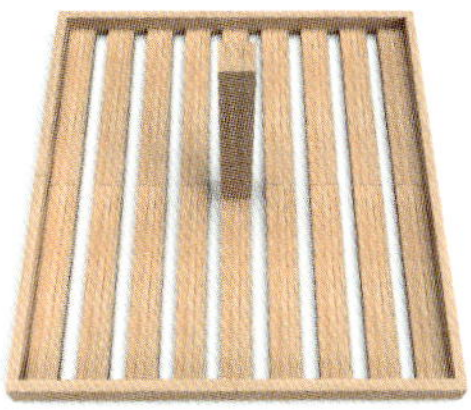

7. Ein Säulenteil exakt in die Mitte des größten Tabletts leimen.

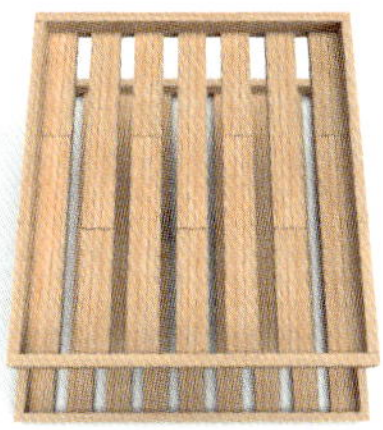

8. Das mittlere Tablett mittig auf das erste Säulenteil setzen und befestigen.

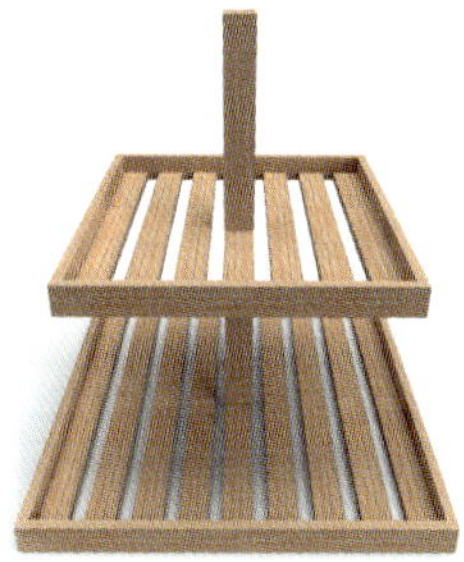

9. Das zweite Säulenteil exakt in die Mitte des mittleren Tabletts leimen.

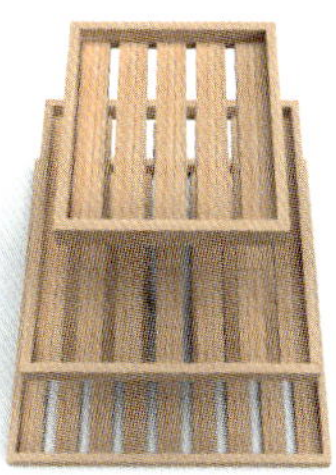

10. Das kleinste Tablett mittig auf das zweite Säulenteil setzen und befestigen.

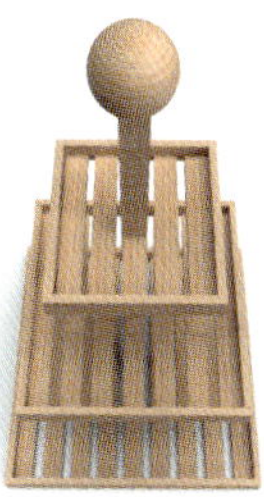

11. Das dritte Säulenteil exakt in die Mitte des kleinen Tabletts leimen. Obendrauf die Holzkugel befestigen.

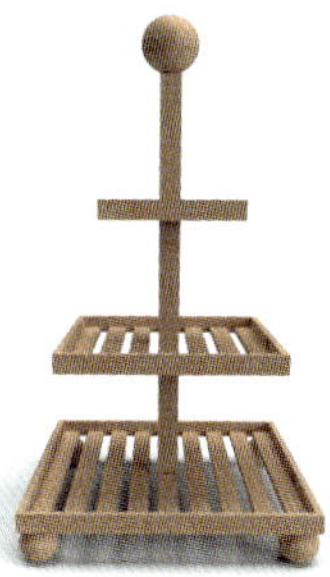

12. In alle vier Ecken des großen Tabletts Holzkugeln als Füße befestigen.

Kerzenständer to go

7 Klötzchen à 22x8x160 mm
Streichholzschachtel
Kerzenhalter
Kerze
Dekoelemente aus Holz, z.B. Häuschen oder Buchstabenwürfel
Holzleim
Heißkleber

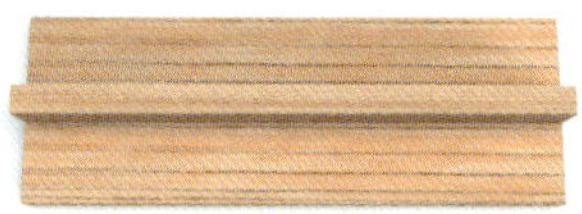

1. 3 Klötzchen.

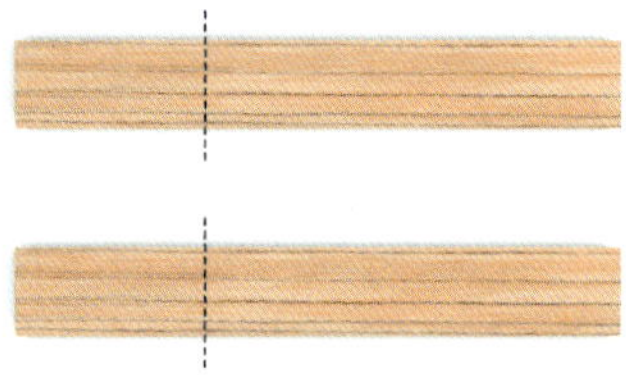

2. 2 Klötzchen. Die Länge der kürzeren Seite der Strichholzschachtel abmessen. Beide Klötzchen um diesen Wert kürzen.

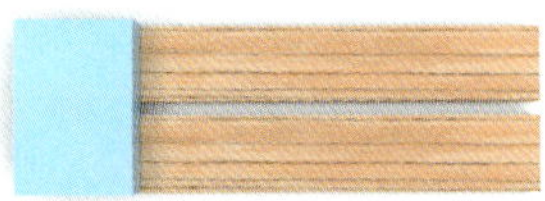

3. 2 Klötzchen plus Streichholzschachtel.

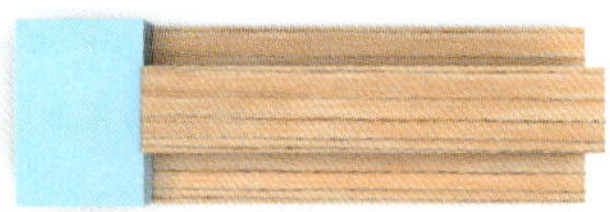

4. Zugesägte Klötzchen aus Schritt 2 verwenden.

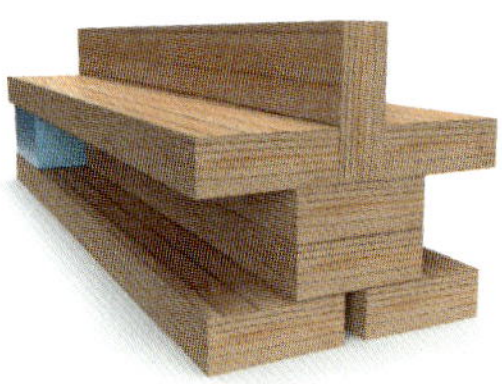

5. Element aus Schritt 1 verwenden. Achtung: Die Streichholzschachtel nicht miteinkleben!

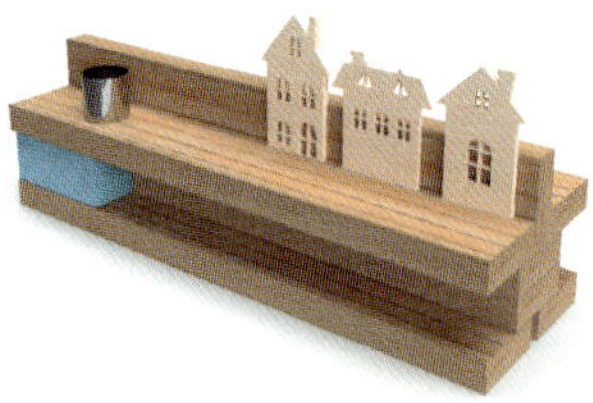

6. Kerzenhalterung und Dekoelemente mit Heißkleber befestigen.

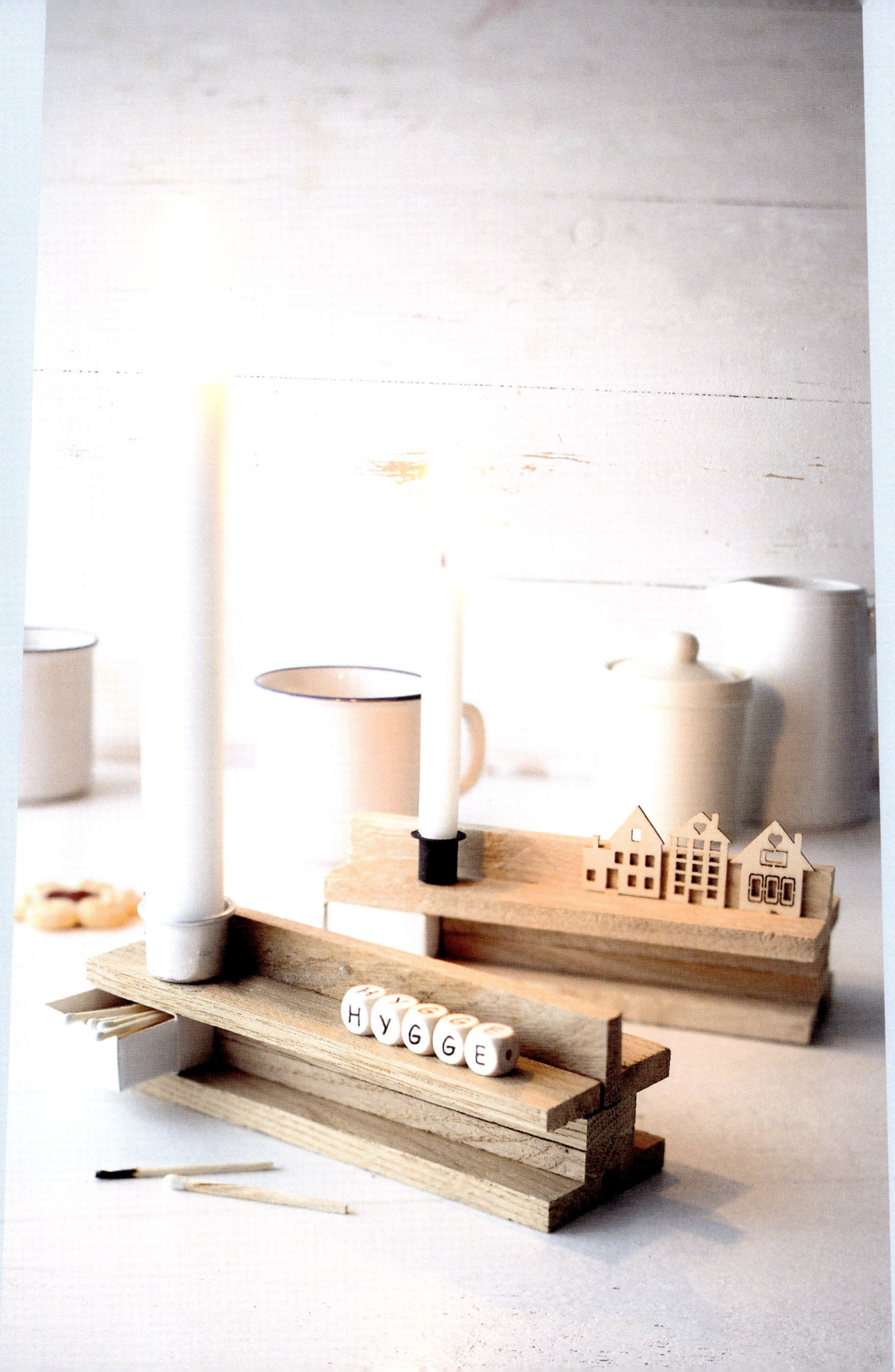
HYGGE

Aufbewahrungsbox mit Deckel

Für die Box
21 Klötzchen à 22x8x160 mm

Für den Deckel
8 Klötzchen à 22x8x160 mm
4 Klötzchen à 10x8x160 mm
Säge
Gehrungslade

Holzleim

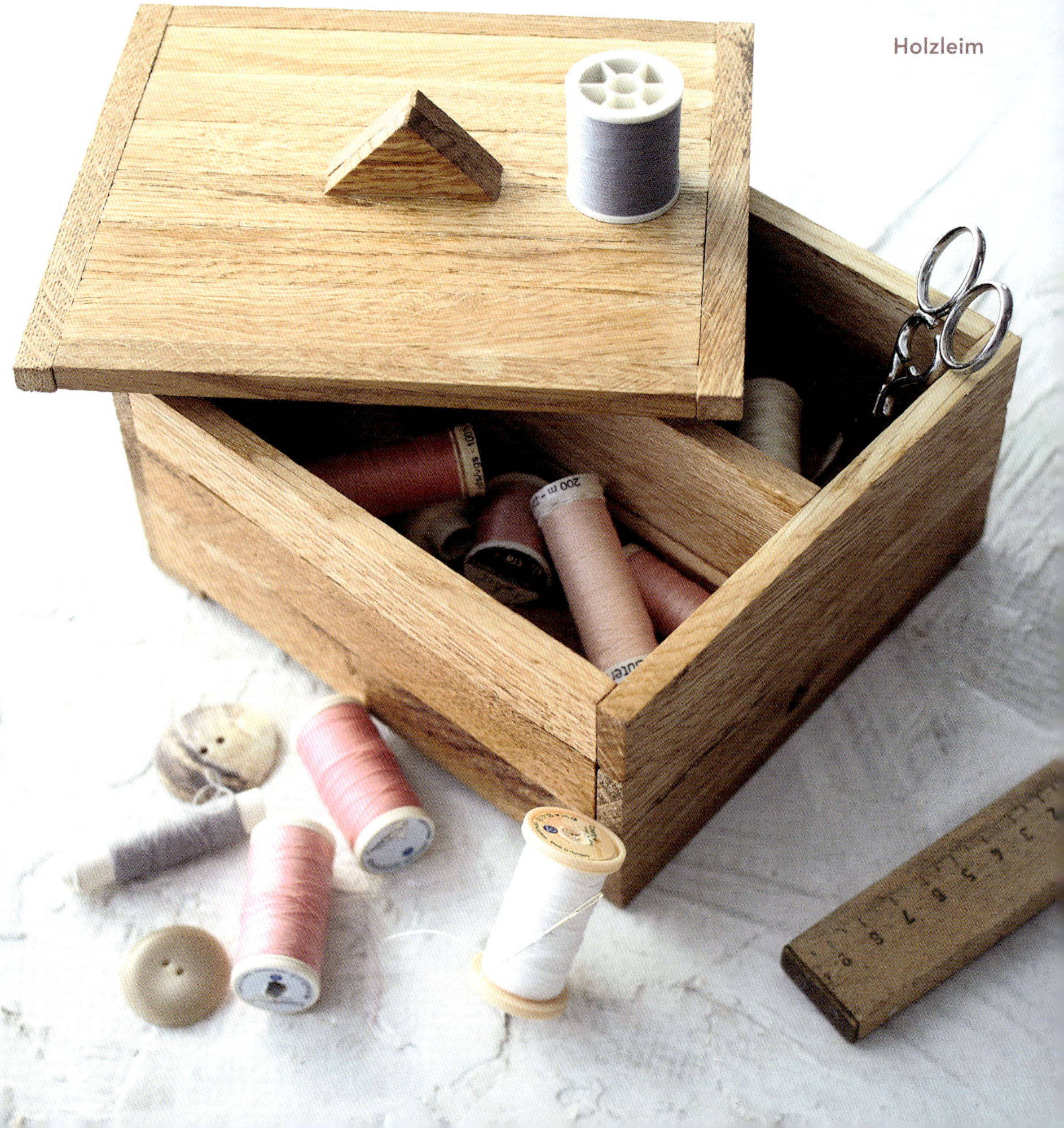

BOX

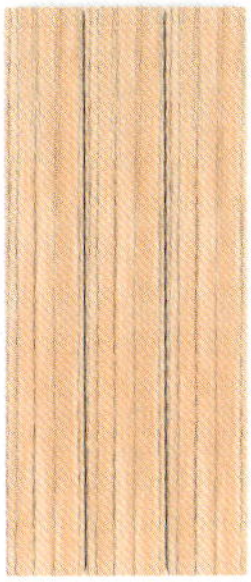

1. 3 Klötzchen.

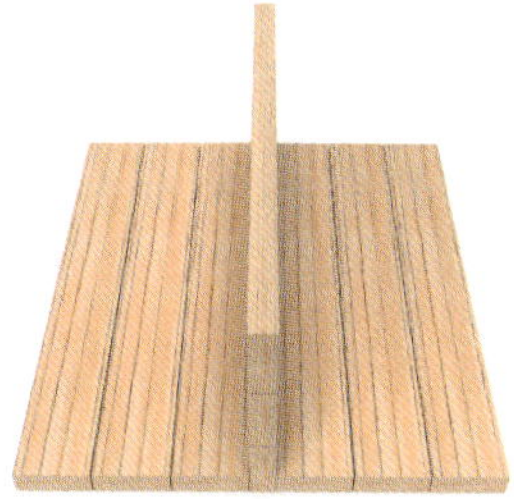

2. Plus 2x 3 Klötzchen.

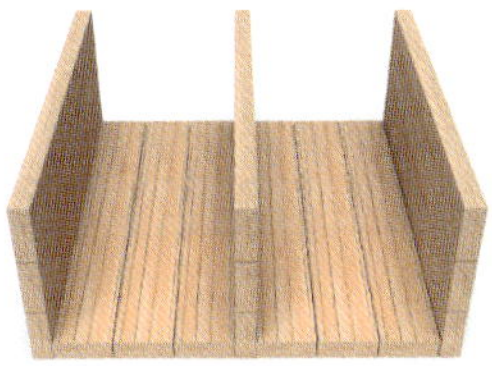

3. Plus 2x 3 Klötzchen.

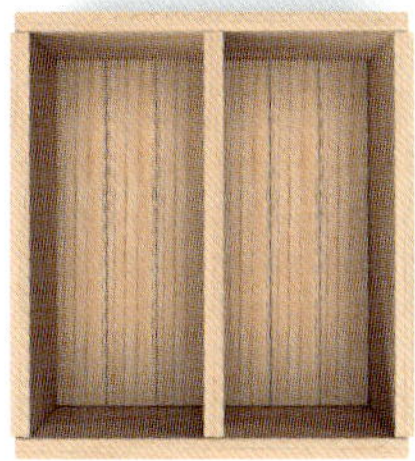

4. Plus 2x 3 Klötzchen.

DECKEL

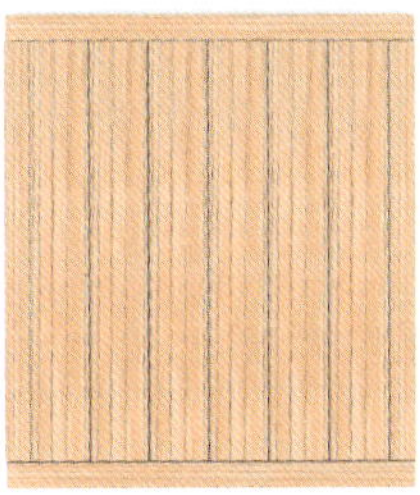

1. 6 breite plus 4 schmale Klötzchen.

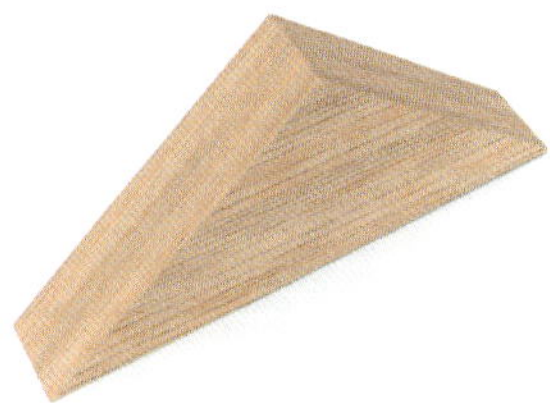

2. Aus 2 Klötzchen mithilfe der Gehrungslade 6 Dreiecke sägen.

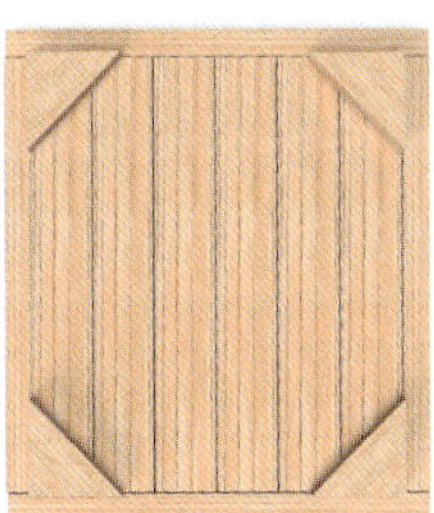

3. 4 Dreiecke auf die Unterseite des Deckels kleben.

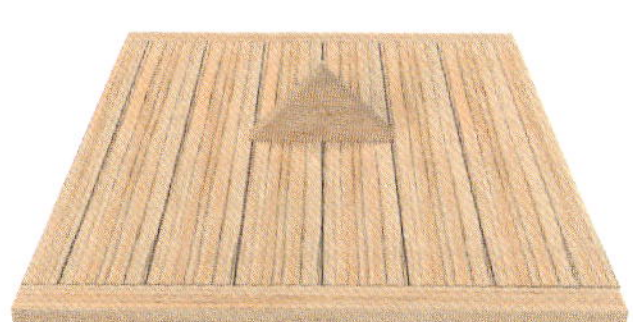

4. 2 Dreiecke zusammenleimen und als Griff auf die Oberseite des Deckels kleben.

Dekoratives Tablett

23 Klötzchen 22x8x160 mm
1 Klötzchen 16x8x160 mm
Holzleim

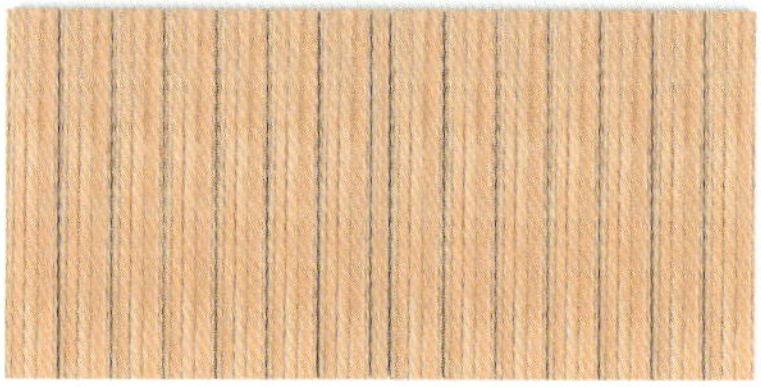

1. 14 breite plus ein schmales Klötzchen. Das schmale Klötzchen in der Mitte einbauen.

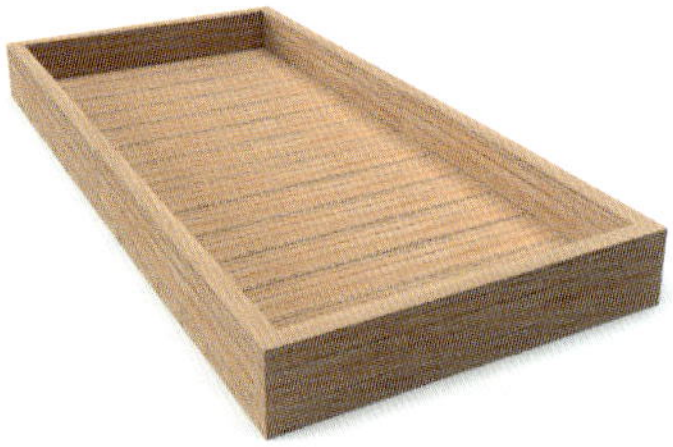

2. Plus 6 Klötzchen. Von oben auf die Platte kleben.

3. 3 Klötzchen. Gut trocknen lassen!

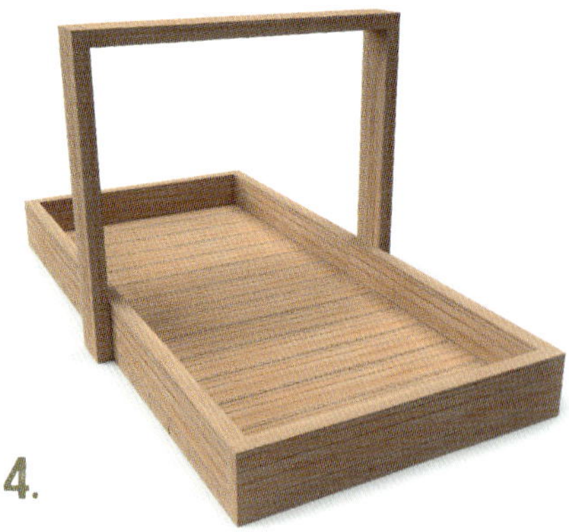

4.

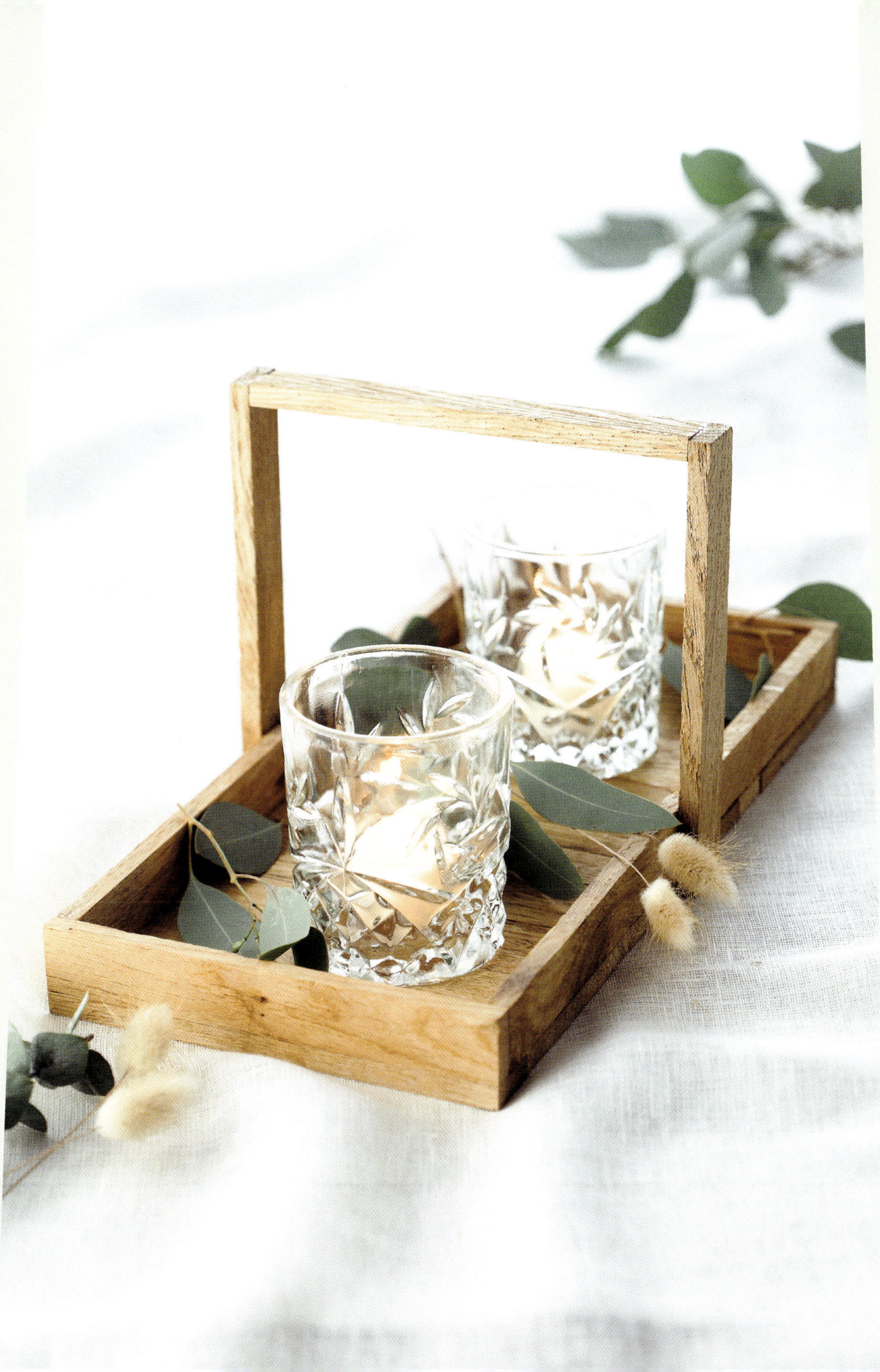

Hübsches Leuchthäuschen

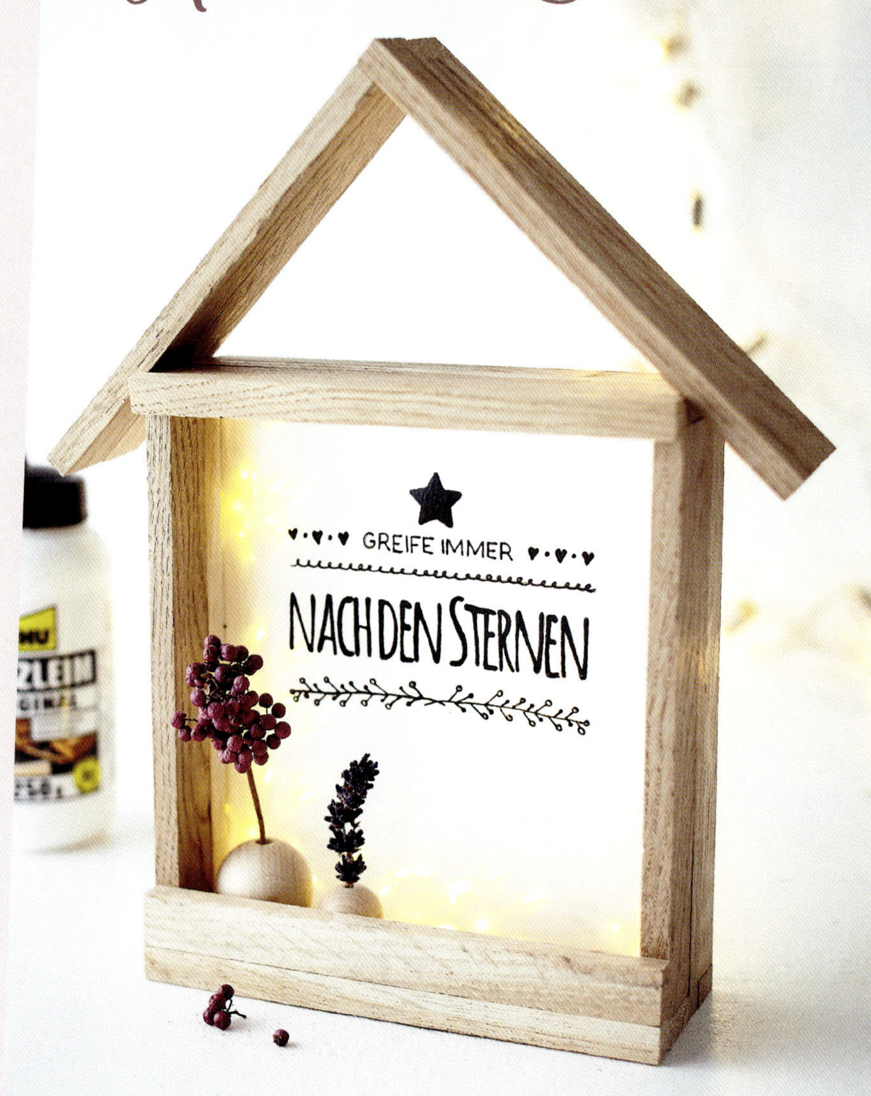

8 Klötzchen à 22x8x160 mm

5 Klötzchen à 16x8x160 mm

6 Klötzchen à 10x8x160 mm

Holzperlen, ø 25 mm und 15 mm

LED-Draht-Lichterkette mit 20 LEDs

Sterneffekt-Folie, 15,5 cm x 17 cm

Lackstift in Schwarz

Holzleim

Heißkleber

Alleskleber

Säge

Vorlage für Schriftzug (Downloadlink siehe Seite 61)

1. 2 breite Klötzchen um 8 mm kürzen.

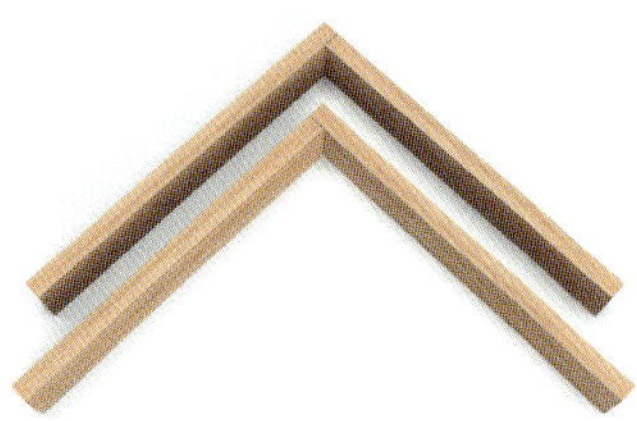

2. 2x 1 gekürztes plus 1 ungekürztes breites Klötzchen.

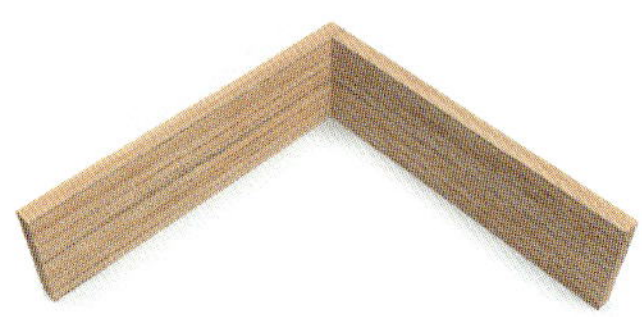

3.

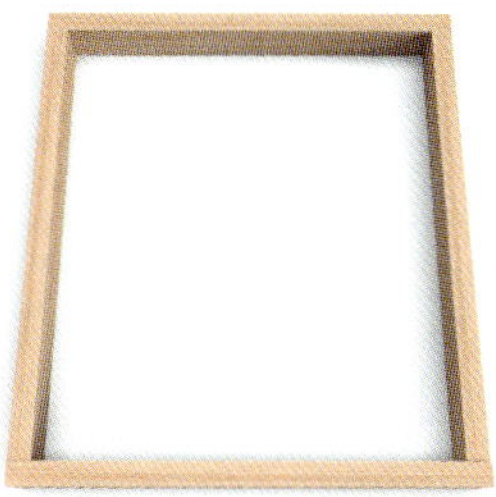

4. 4 mittlere Klötzchen.

5. 4 schmale Klötzchen.

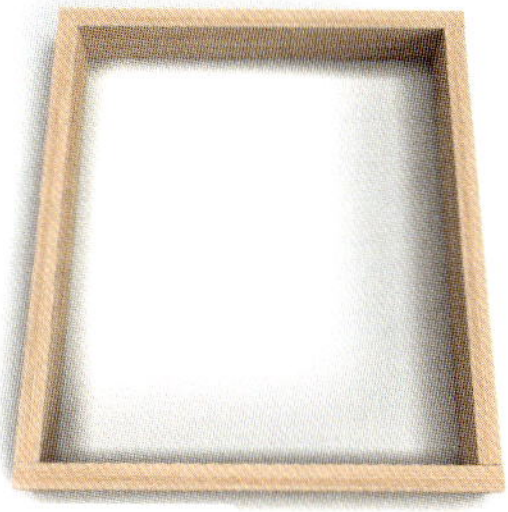

6. 4 breite Klötzchen.

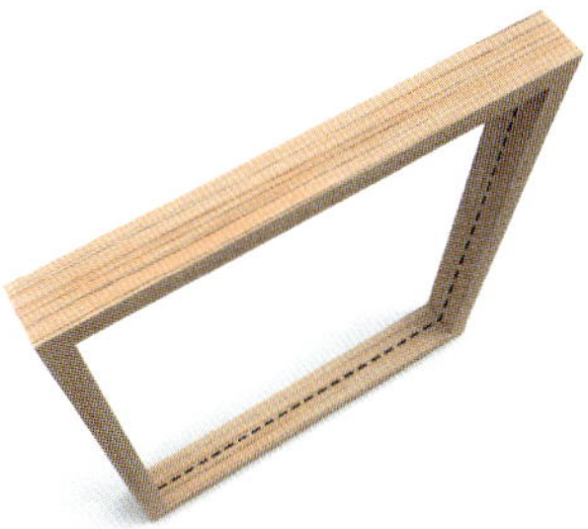

7. Mit Heißkleber eine LED-Draht-Lichterkette innen in den Rahmen aus mittleren Klötzchen kleben.

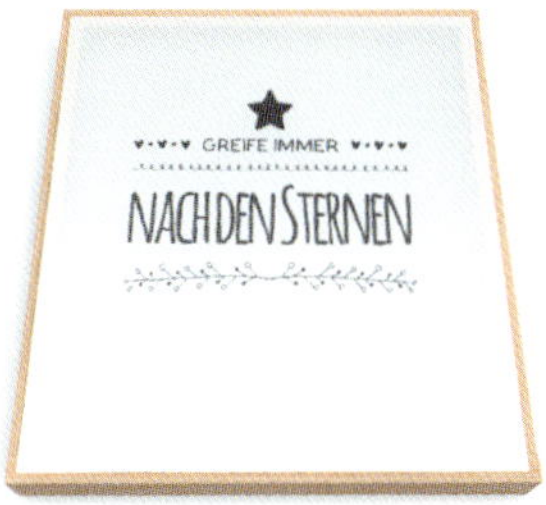

8. Einen Schriftzug auf die Sterneffekt-Folie aufbringen (den Downloadlink für die Vorlage findest du auf Seite 61). Die Sterneffekt-Folie von vorne mit Alleskleber auf den mitteldicken Rahmen mit der Lichterkette kleben.

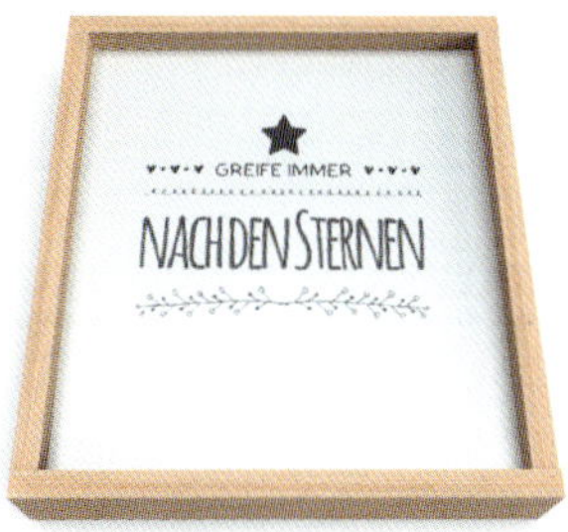

9. Plus schmaler Rahmen aus Schritt 5.

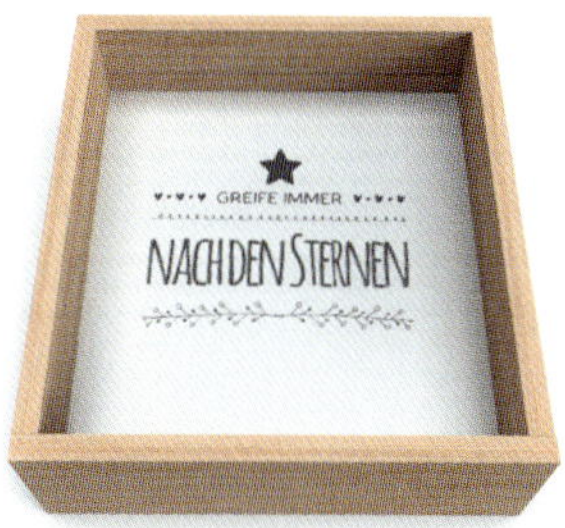

10. Plus breiter Rahmen aus Schritt 6.

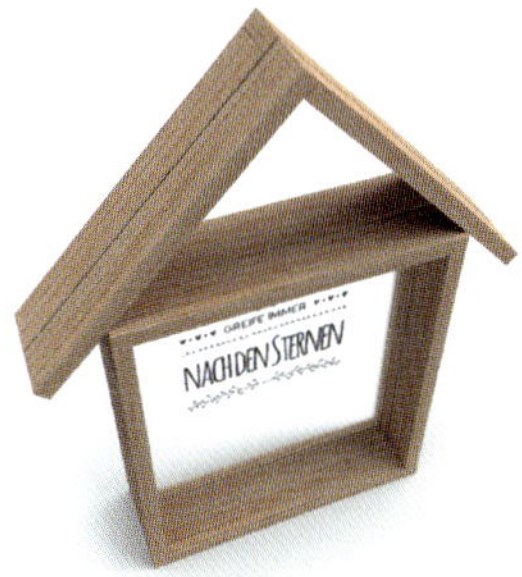

11.

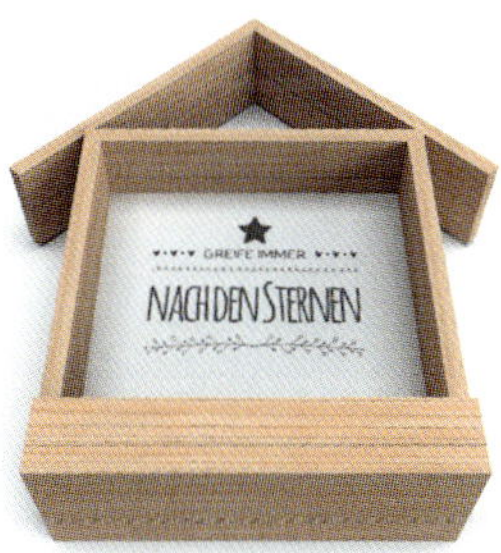

12. Plus ein schmales und ein mittleres Klötzchen.

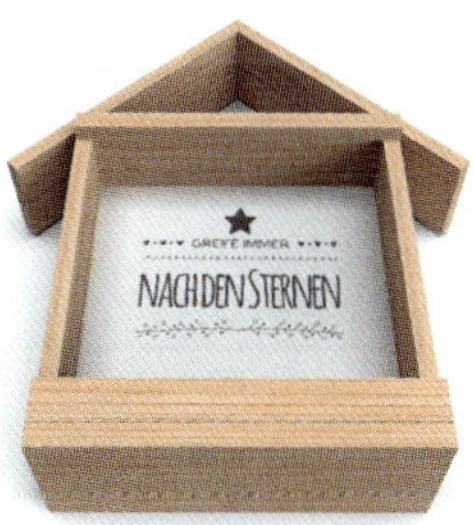

13. Plus ein schmales Klötzchen.

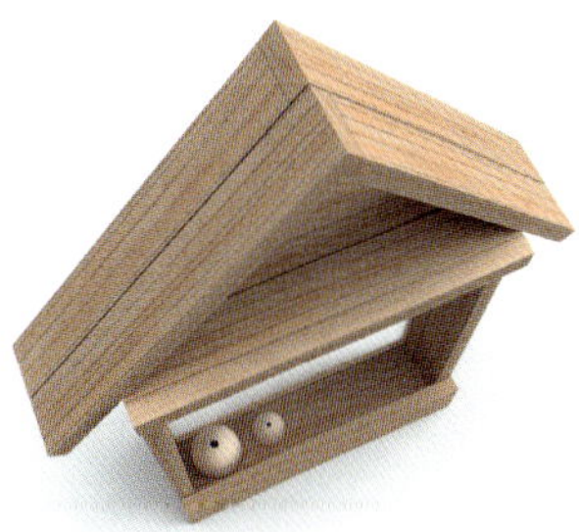

14. Die Löcher der Holzperlen sollen nach oben zeigen!

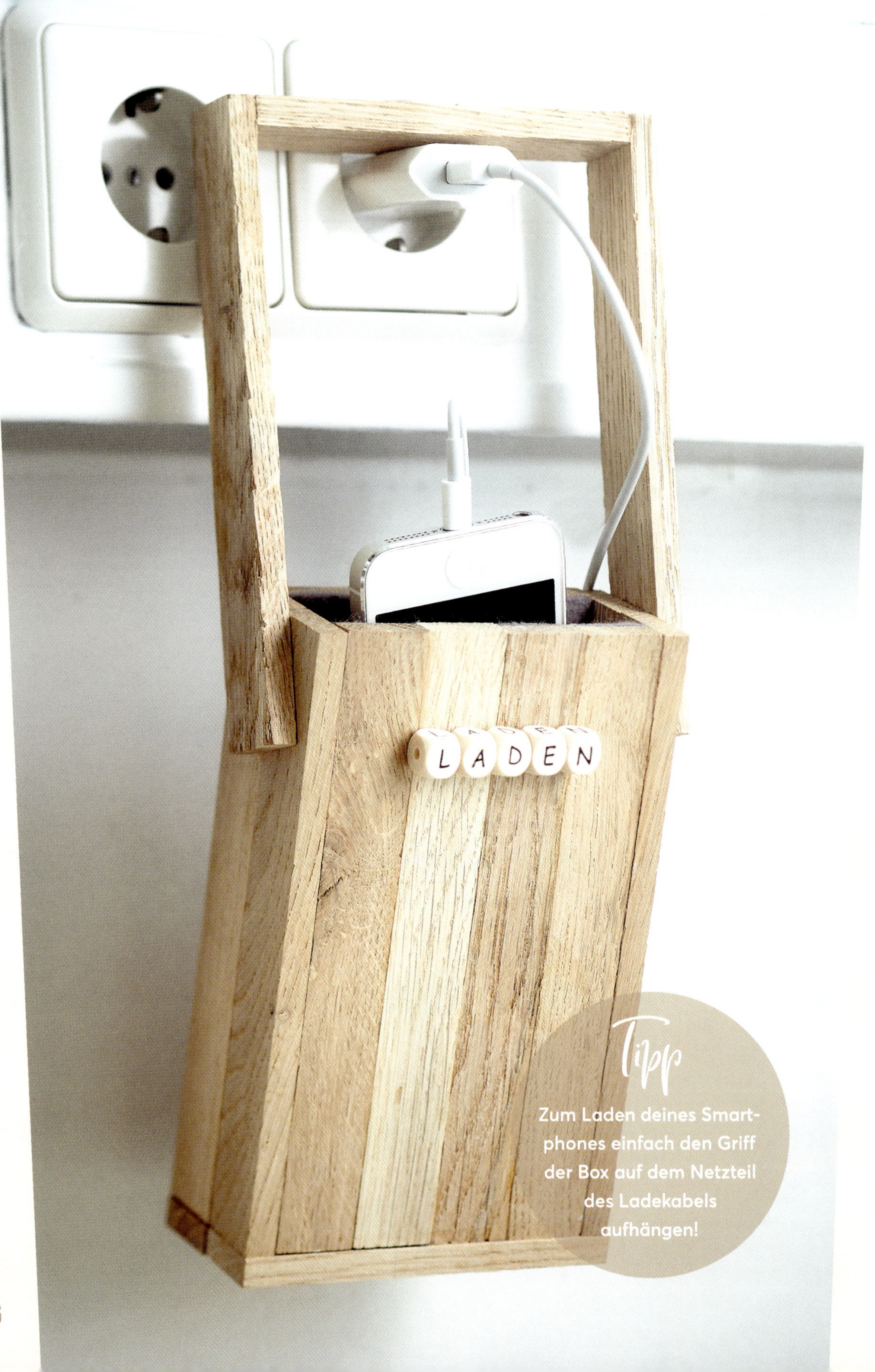

Tipp

Zum Laden deines Smartphones einfach den Griff der Box auf dem Netzteil des Ladekabels aufhängen!

Ladestation

17 Klötzchen à 22x8x160 mm
Filz in Grau, 2x 8,8 cm x 16 cm
Holzleim
Säge

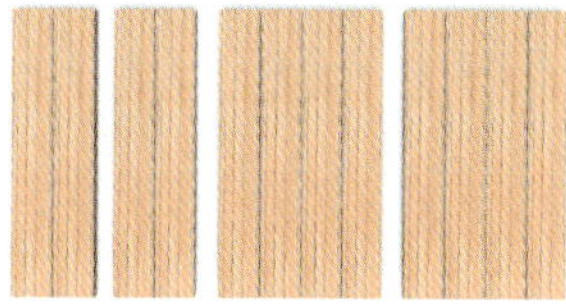

1. 2x 2 Klötzchen und 2x 4 Klötzchen.

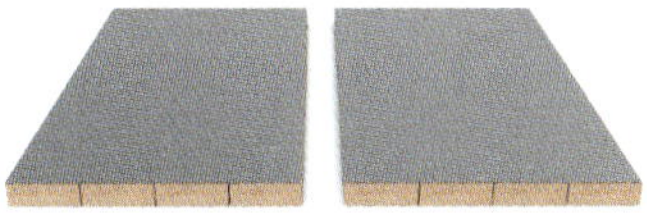

2. Die großen Platten auf einer Seite mit Filz bekleben.

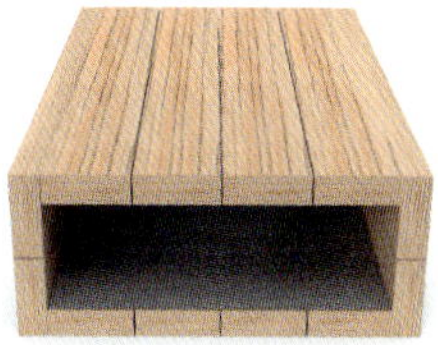

3.

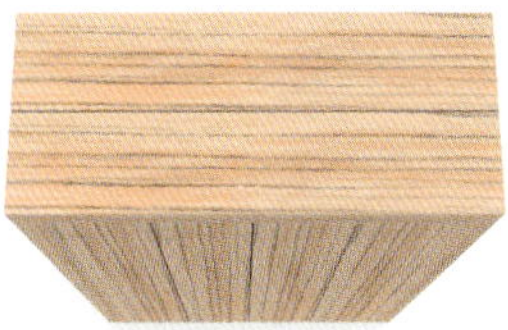

4. 2 Klötzchen auf 11 cm Länge zusägen. Die gekürzten Klötzchen als Boden aufkleben.

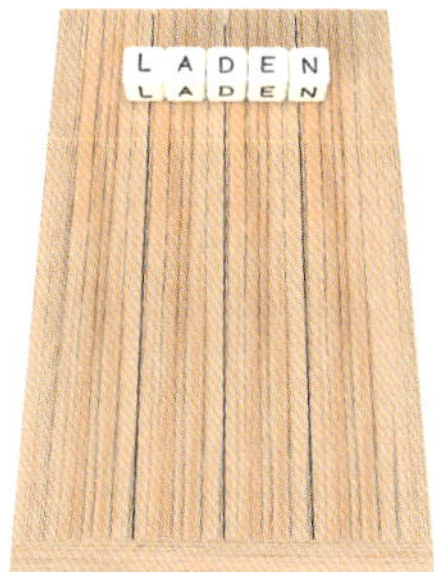

5. Mit den Buchstabenwürfeln das Wort „LADEN" aufkleben.

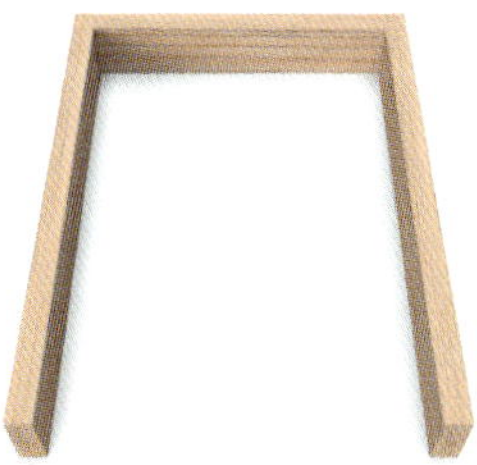

6. Ein Klötzchen auf 11 cm Länge zusägen. Zwischen 2 Klötzchen kleben.

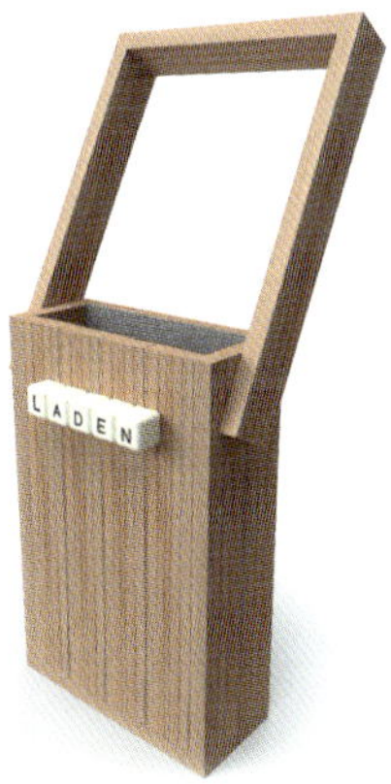

7. Die Aufhängung leicht schräg an den Seitenwänden der Box anbringen.

Modernes Windlicht

10 Klötzchen à 22x8x160 mm
Holzleim
Säge
Kerzenglas
Kerze

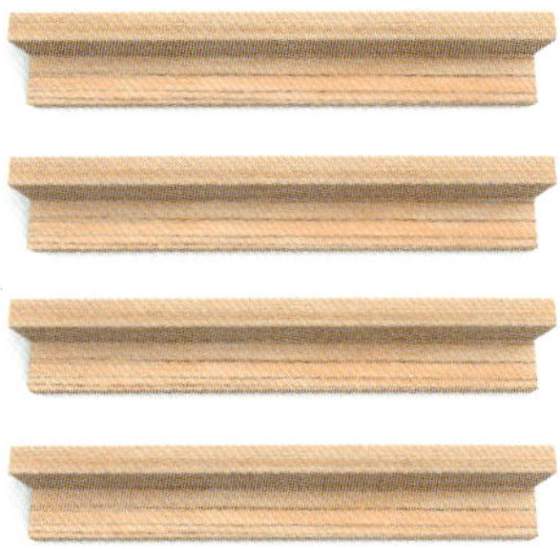

1. 4x 2 Klötzchen.

2. Aus 2 Klötzchen 3x 6,5 cm lange Stücke zusägen. Die Stücke zu einer kleinen Platte verleimen.

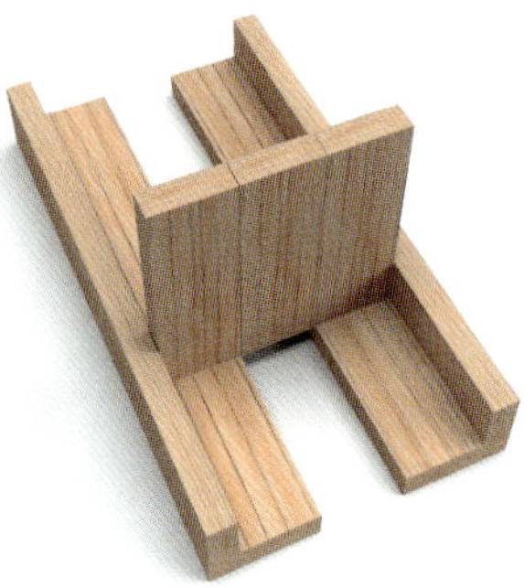

3.

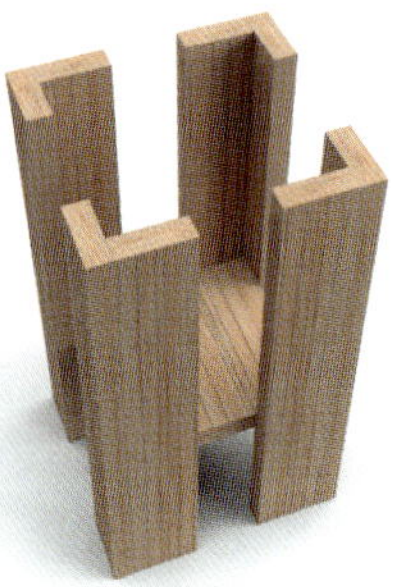

4.

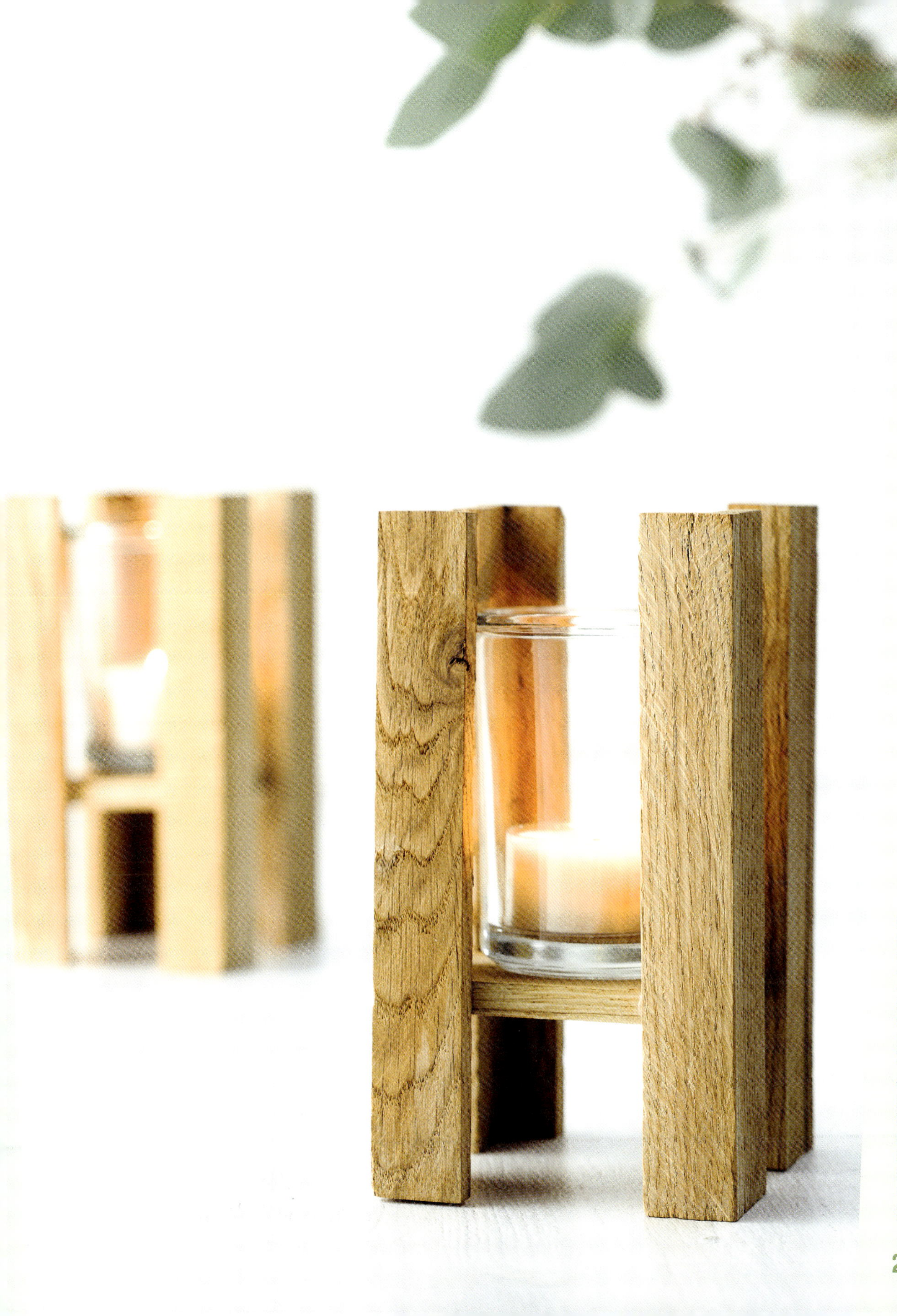

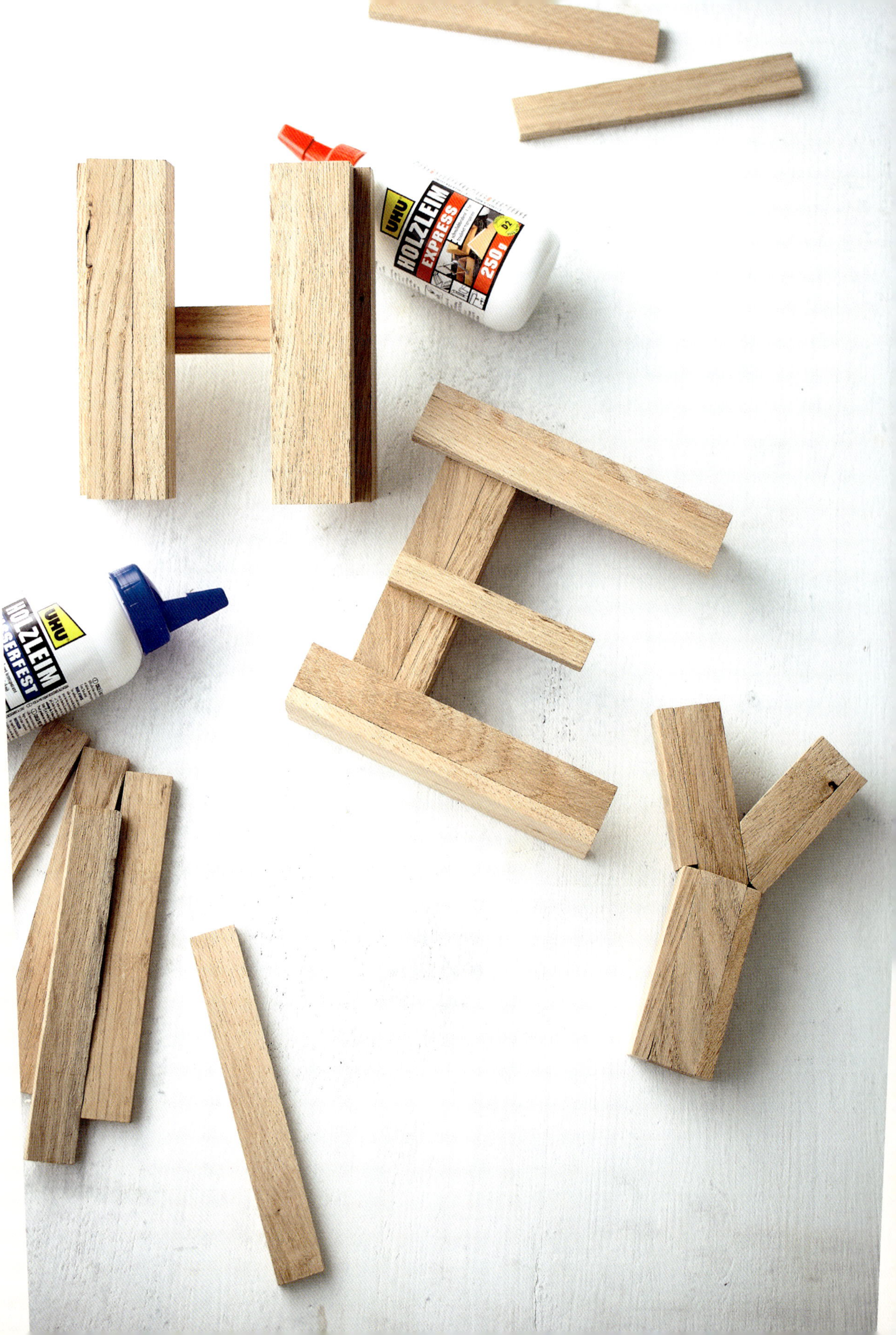
UHU
HOLZLEIM
EXPRESS
250 g
UHU
HOLZLEIM

Ein HEY zur Begrüßung

Für das H
9 Klötzchen à 22x8x160 mm
4 Klötzchen à 16x8x160 mm
2 Klötzchen à 10x8x160 mm

Für das E
7 Klötzchen à 22x8x160 mm
4 Klötzchen à 16x8x160 mm

Für das Y
6 Klötzchen à 22x8x160 mm

Holzleim
Säge

BUCHSTABE H

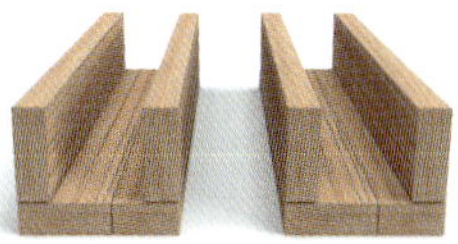

1. 2x 3 breite plus 1 mittleres Klötzchen.

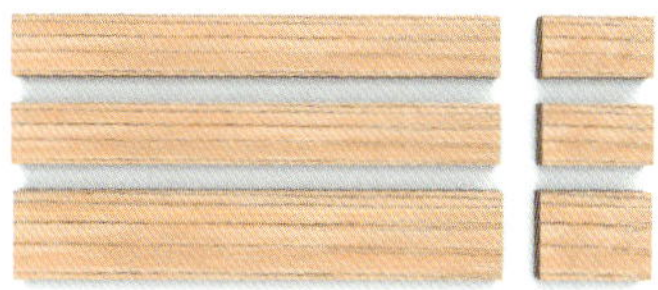

2. 1 breites und 2 mittlere Klötzchen um 3 cm kürzen.

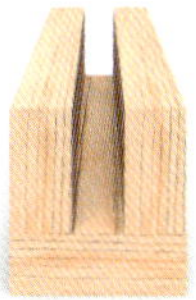

3. Verwende die gekürzten Klötzchen.

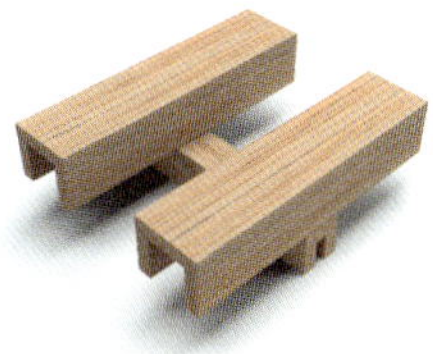

4. Die Elemente aus Schritt 1 und 3 zusammensetzen.

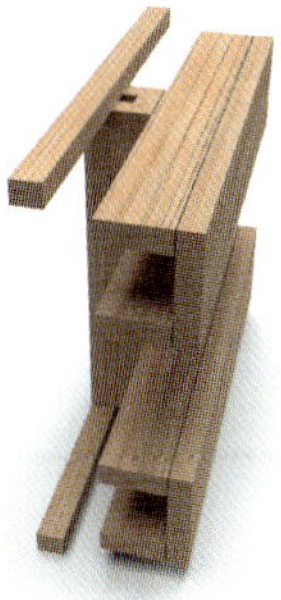

5. 2x 1 schmales Klötzchen.

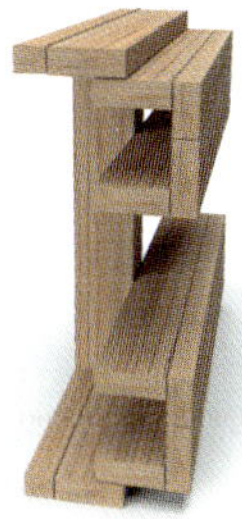

6. 2x 1 breites Klötzchen.

BUCHSTABE E

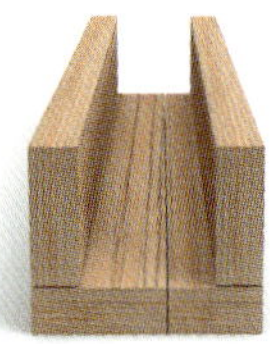

1. 3 breite plus 1 mittleres Klötzchen.

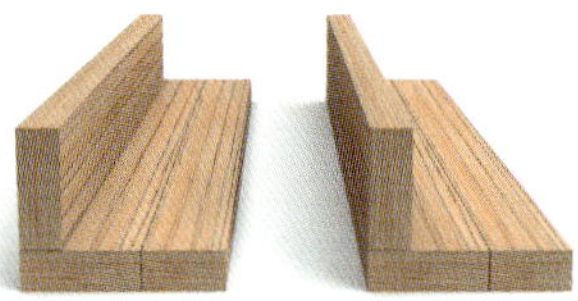

2. 2x 2 breite plus 1 mittleres Klötzchen.

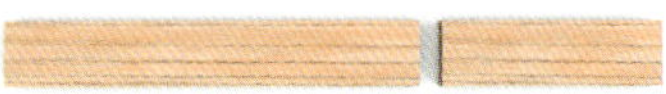

3. 1 mittleres Klötzchen auf 10,5 cm Länge kürzen.

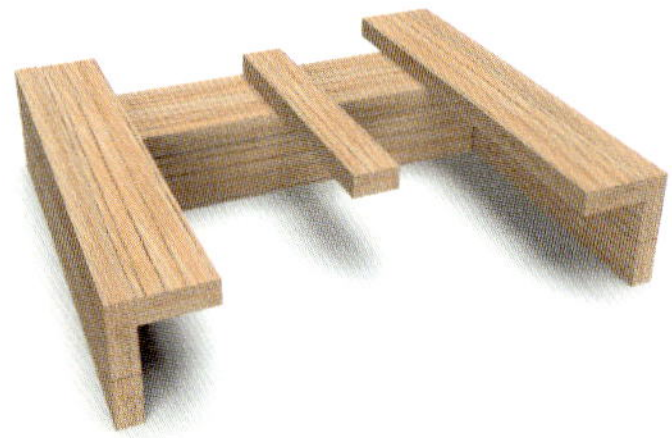

4. Die Elemente aus Schritt 1, 2 und 3 zusammensetzen.

BUCHSTABE Y

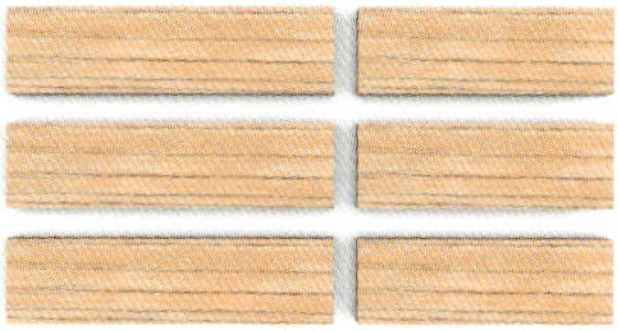

1. 3 breite Klötzchen um 9 cm kürzen.

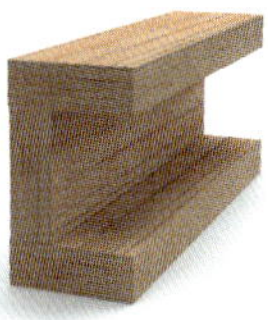

2. Verwende die gekürzten Klötzchen.

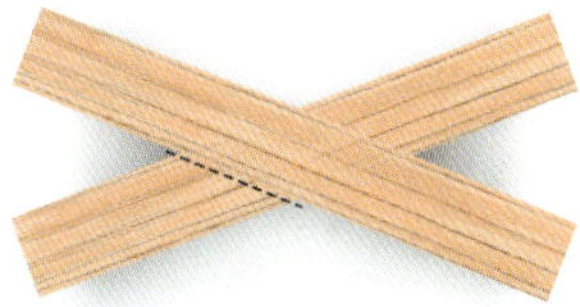

3. 2 breite Klötzchen. Markiere oberhalb der Schnittstelle.

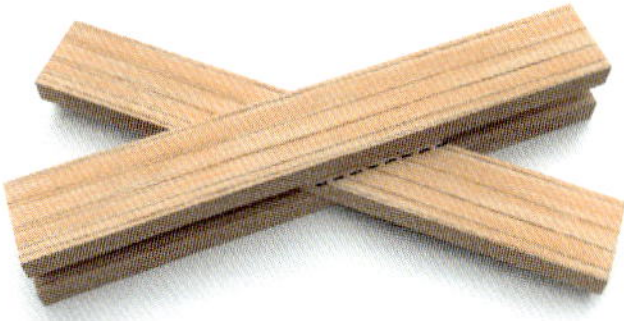

4. Plus ein breites Klötzchen. Markiere unterhalb der Schnittstelle.

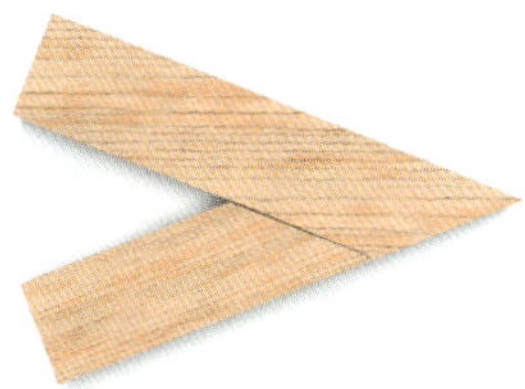

5. An den Markierungen durchsägen. Dann v-förmig zusammenleimen.

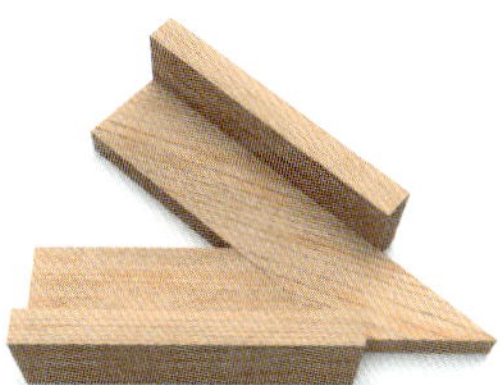

6. Aus einem Klötzchen 2x 7,5 cm zusägen. Auf das Element aus Schritt 5 leimen.

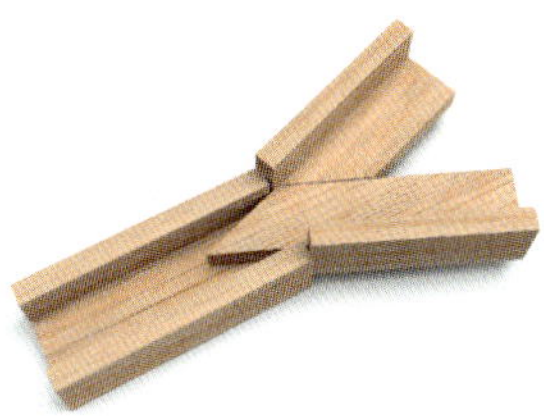

7. Die Elemente aus Schritt 2 und 6 zusammensetzen.

Trendy Blumenampel

29 Klötzchen à 16x8x160 mm
20 Klötzchen à 10x8x160 mm
Juteseil, 6 mm dick, 4x 1 m lang
Holzleim

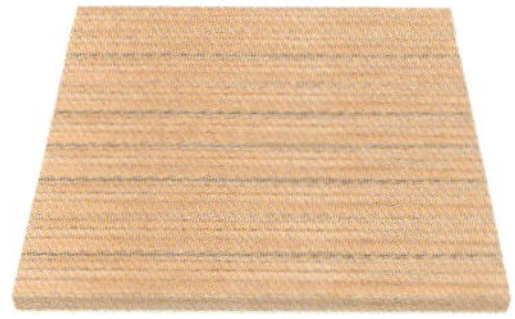

1. 9 breite Klötzchen.

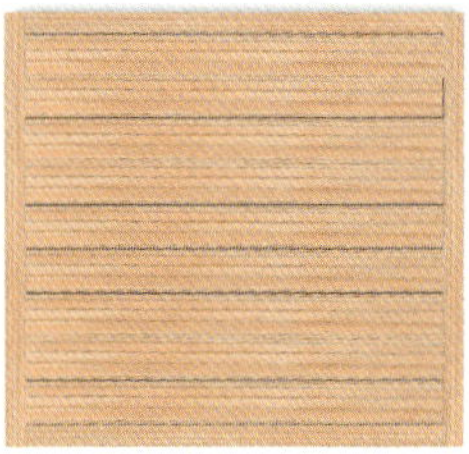

2. Plus 4 schmale Klötzchen.

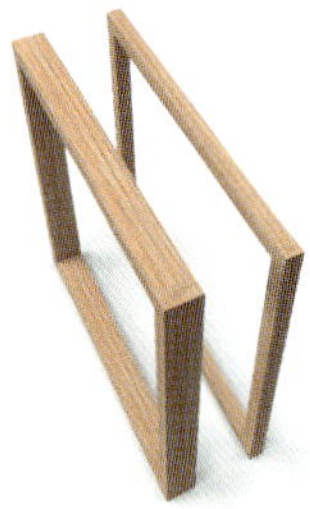

3. 5 Rahmen aus breiten Klötzchen, 4 Rahmen aus schmalen Klötzchen.

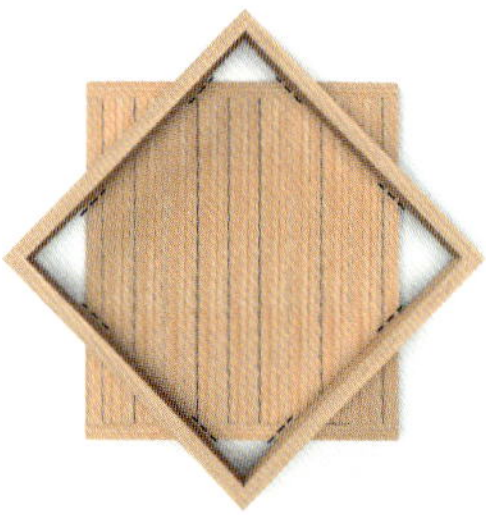

4. Zum genauen Auftragen von Holzleim die Schnittstellen markieren.

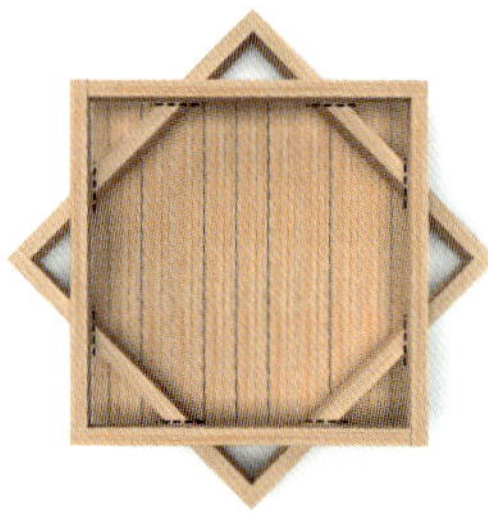

5. Ebenfalls Schnittstellen markieren, um Holzleim exakt aufzutragen.

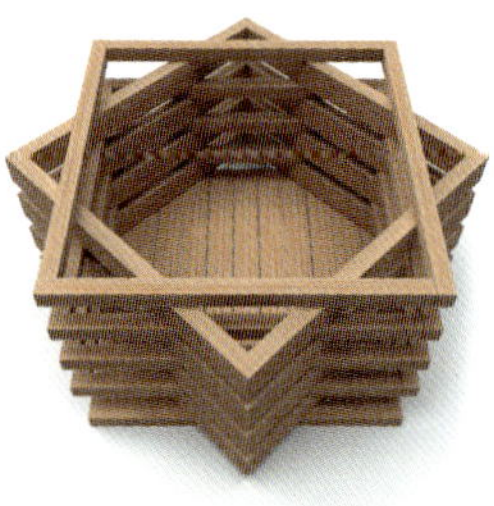

6. Fortfahren, bis alle Rahmen verarbeitet sind.

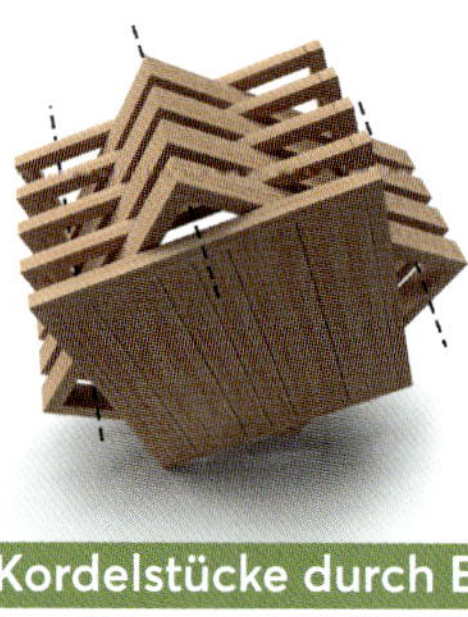

7. Kordelstücke durch Ecken fädeln und mit Knoten sichern. Alle vier Kordelenden verknoten.

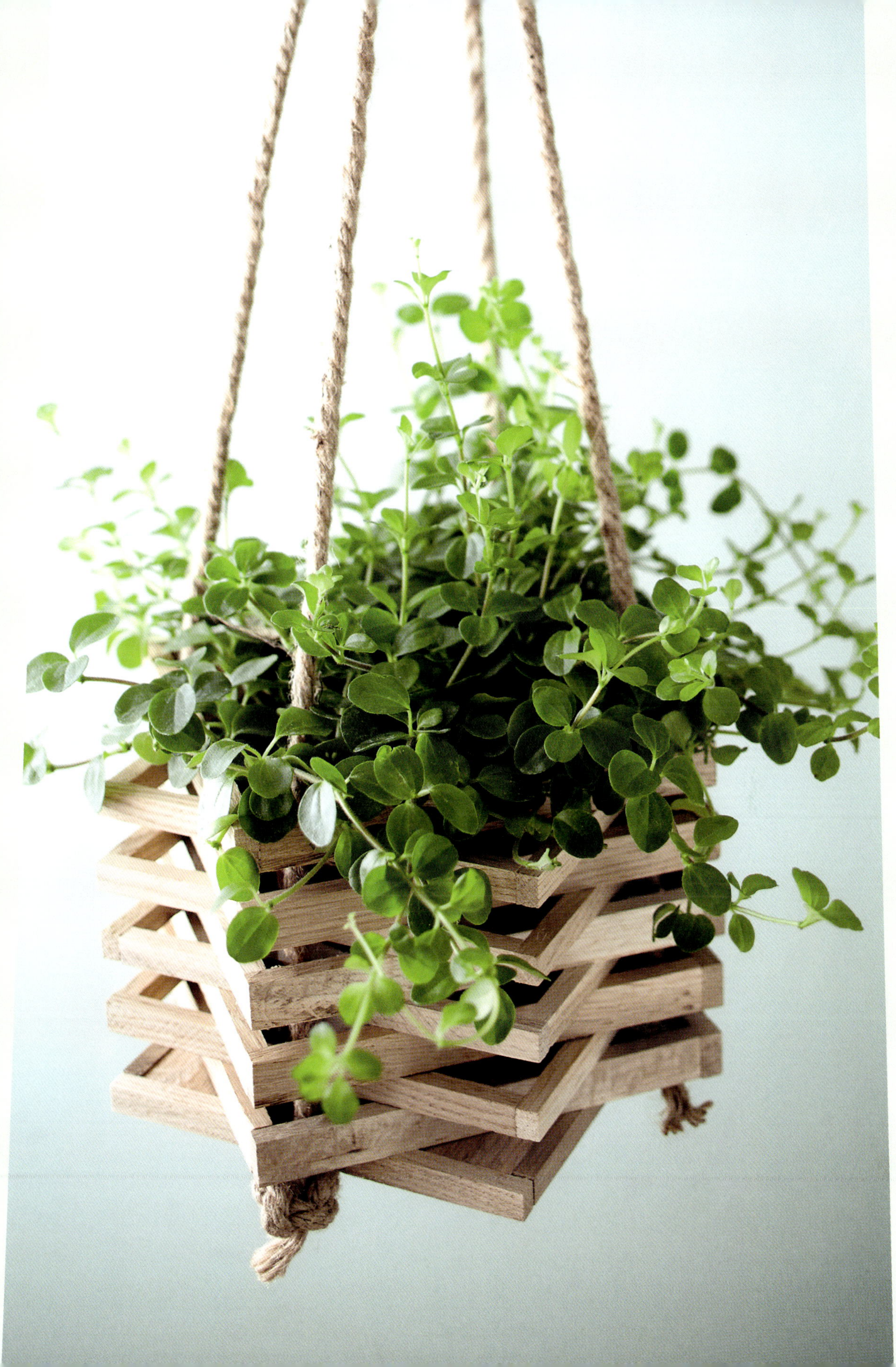

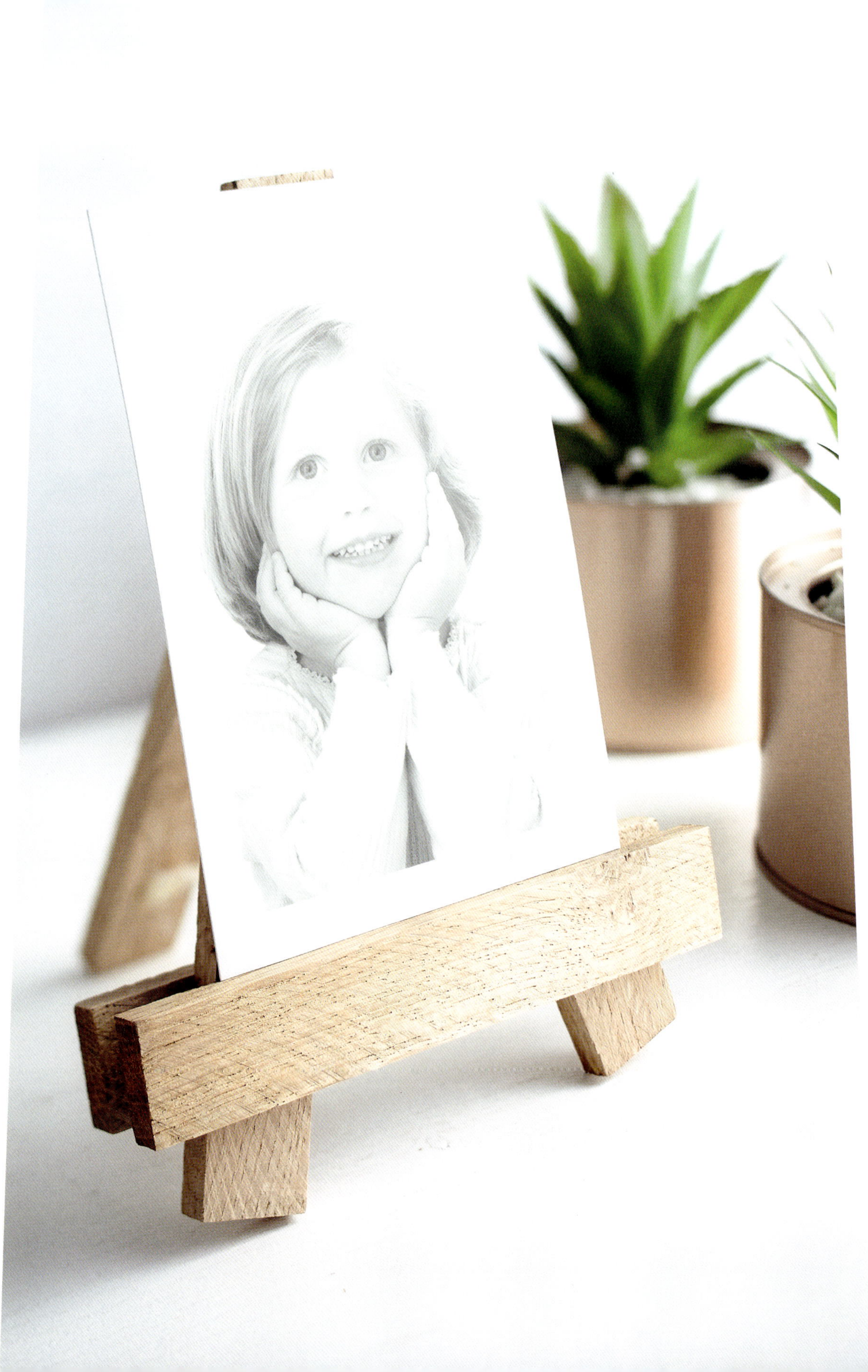

Mini-Staffelei

6 Klötzchen à 22x8x160 mm
Scharnier, 20 mm
Flachband, 9 mm breit, 12 cm lang
Holzleim
Heißkleber

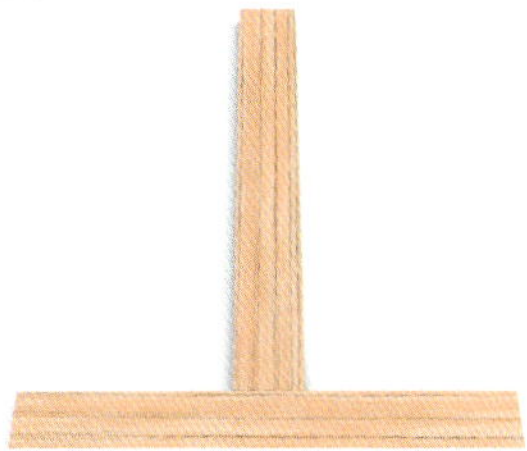

1. 2 Klötzchen.

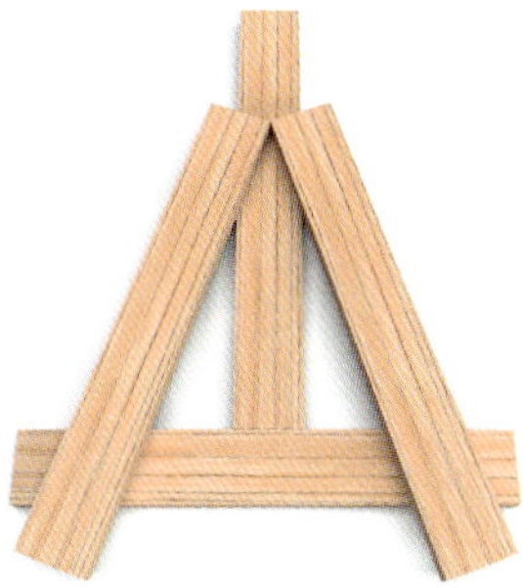

2. Plus 2 Klötzchen.

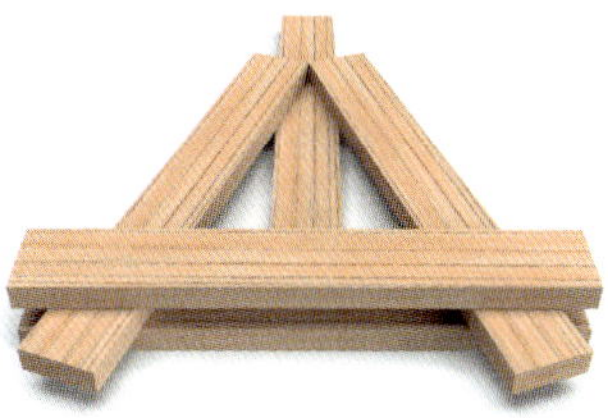

3. Plus 1 Klötzchen.

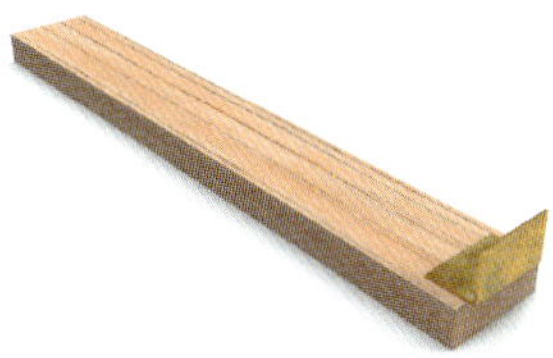

4. Plus 1 Klötzchen. Scharnier daran mit Heißkleber befestigen.

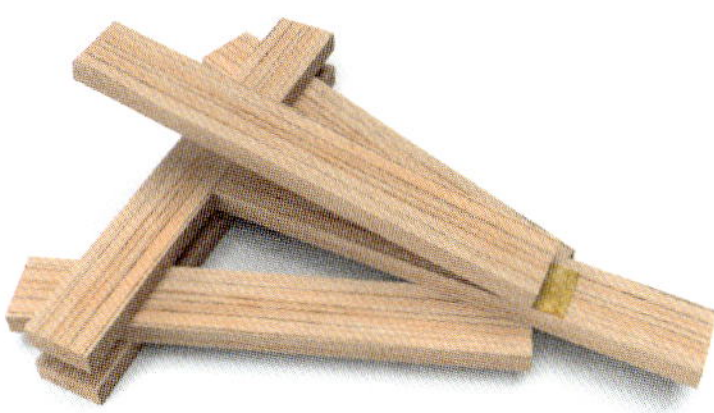

5. Das freie Glied des Scharniers so aufkleben, dass das Ende des Standfußes auf gleicher Höhe liegt wie die Enden der beiden diagonalen Klötzchen.

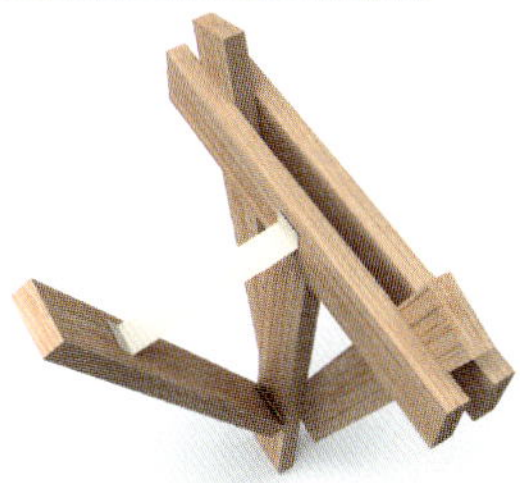

6. Das Flachband mit Heißkleber befestigen.

Klötzchen rundherum

Klötzchen in verschiedenen Breiten, Menge der Klötzchen ist abhängig von der Größe des Gefäßes

alte Gefäße wie Gläser, Dosen, Flaschen

Silikonkleber

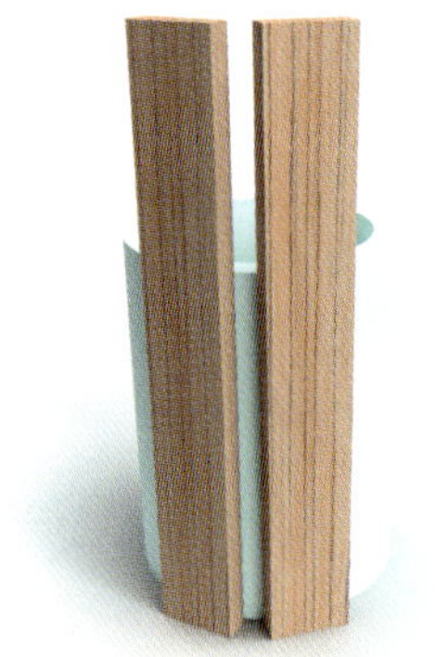

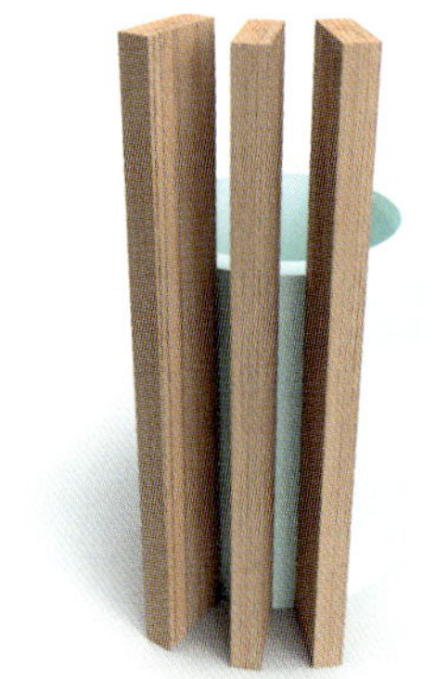

A. Den Kleber schrittweise auf das Gefäß auftragen, Klötzchen nebeneinander mit der breiten Seite aufkleben.

B. Alternativ den Kleber schrittweise auf das Gefäß auftragen und die Klötzchen mit der schmalen Seite aufkleben. Dabei ca. eine Klötzchenbreite Abstand halten.

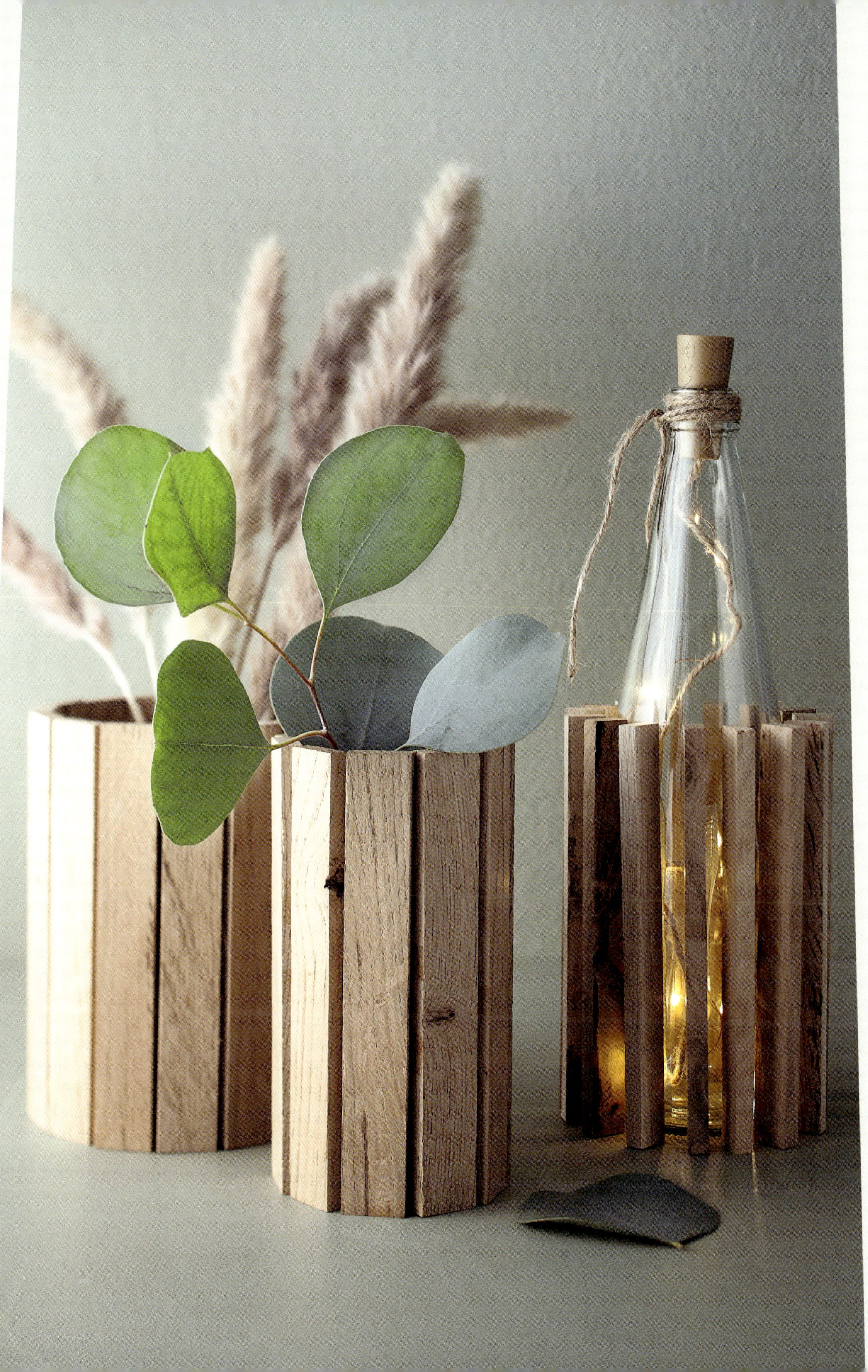

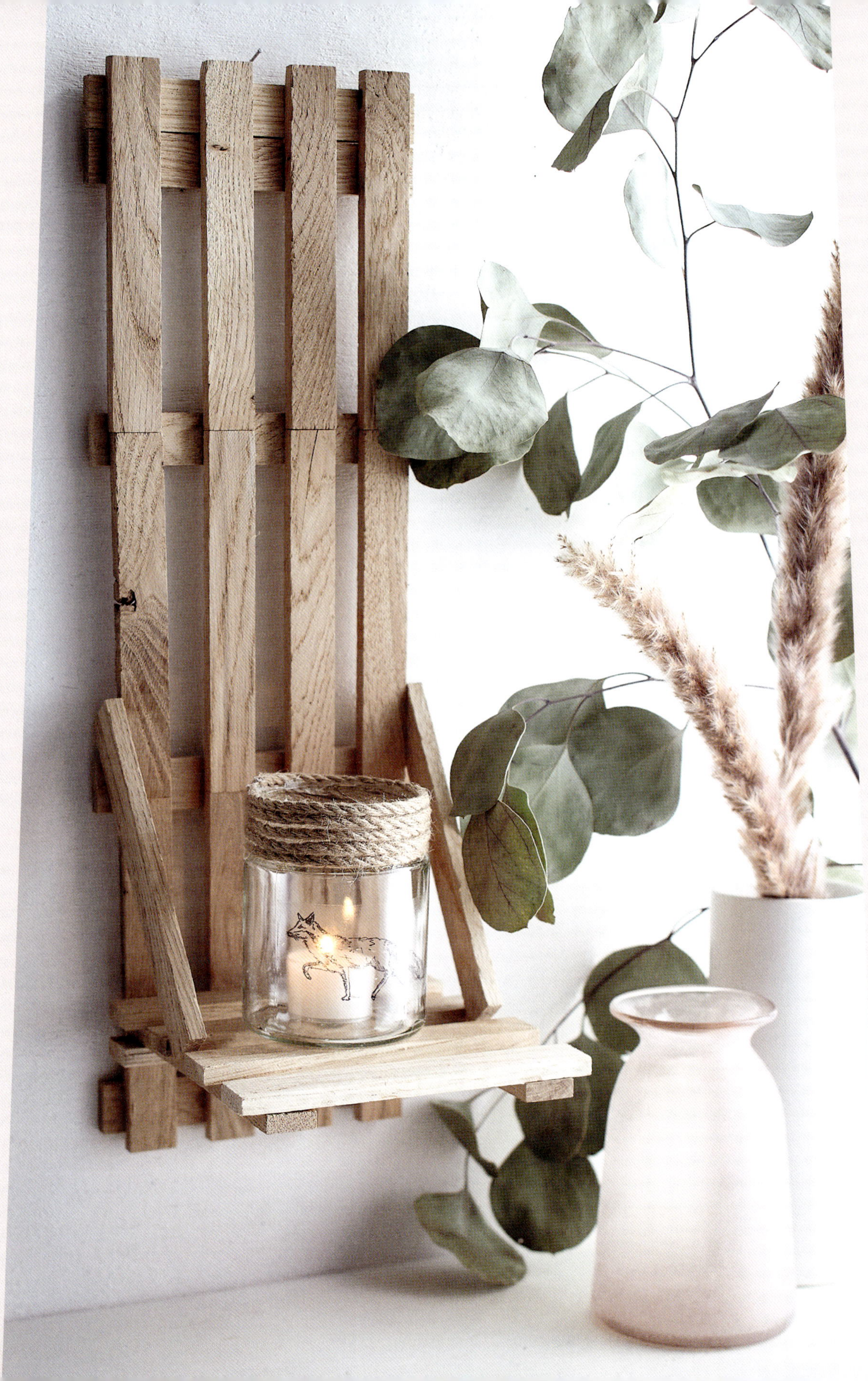

Romantisches Wandlicht

24 Klötzchen à 22x8x160 mm
Holzleim

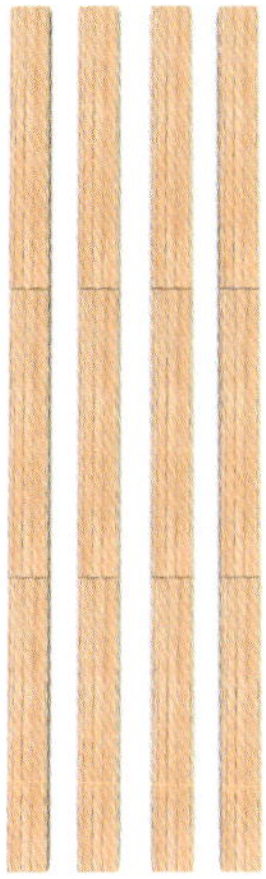

1. 4x 3 Klötzchen.

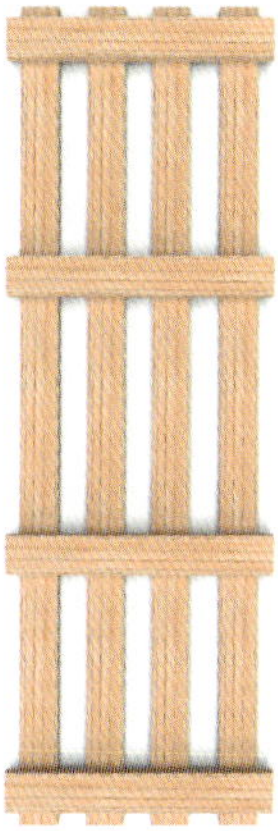

2. Plus 4 Klötzchen.

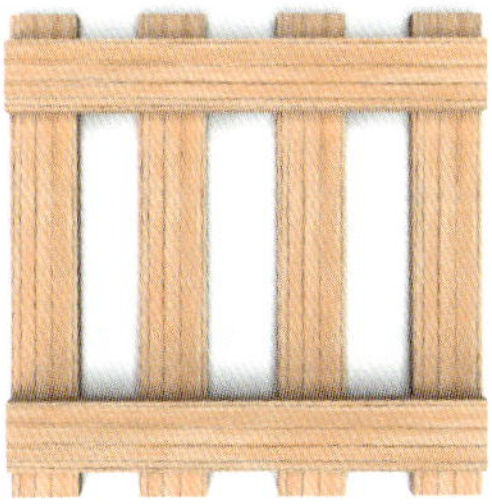

3. 6 Klötzchen.

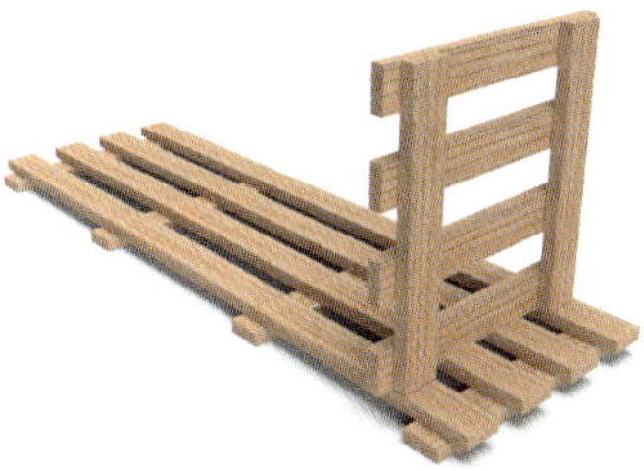

4. Die Elemente aus Schritt 2 und 3 zusammensetzen.

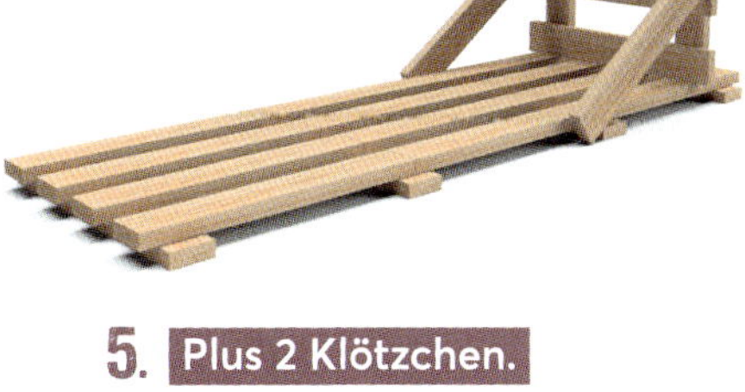

5. Plus 2 Klötzchen.

Cooler Pflanzkübel

39 Klötzchen à 22x8x160 mm
Holzleim

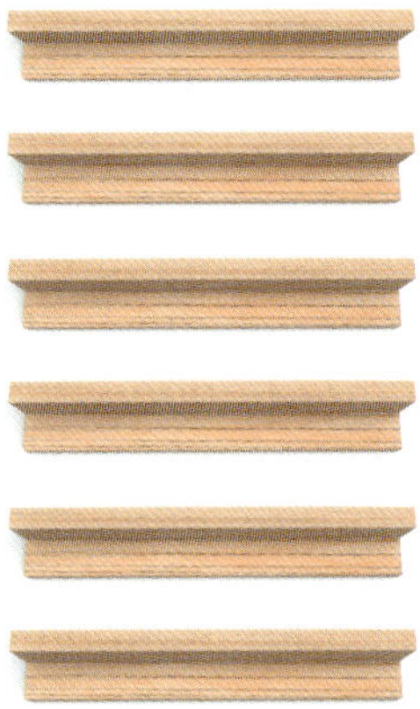

1. 6x 2 Klötzchen.

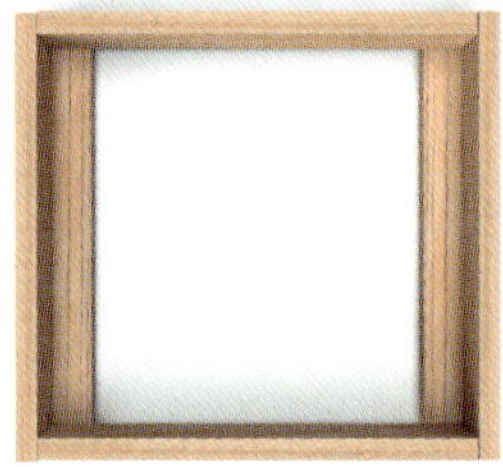

2. 2 Winkel aus Schritt 1 plus 2 Klötzchen.

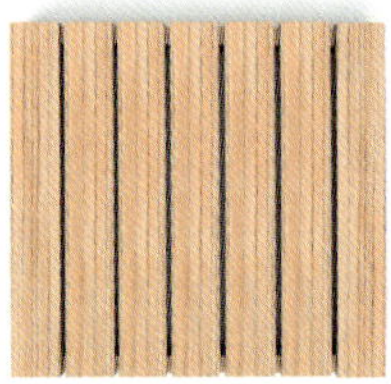

3. Rahmen umdrehen. Plus 5 Klötzchen.

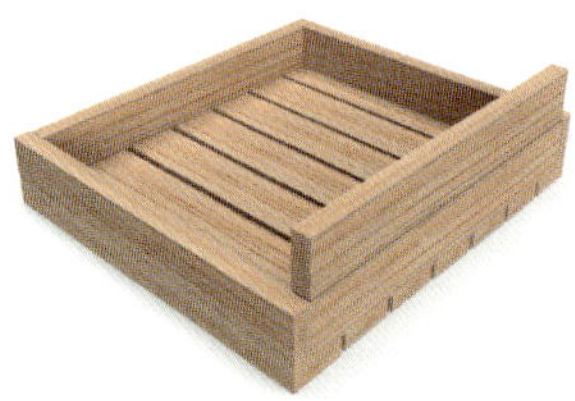

4. Rahmen wieder umdrehen. Alle Klötzchen verbauen, sodass jede Seite aus 6 aufeinandergesetzten Klötzchen besteht.

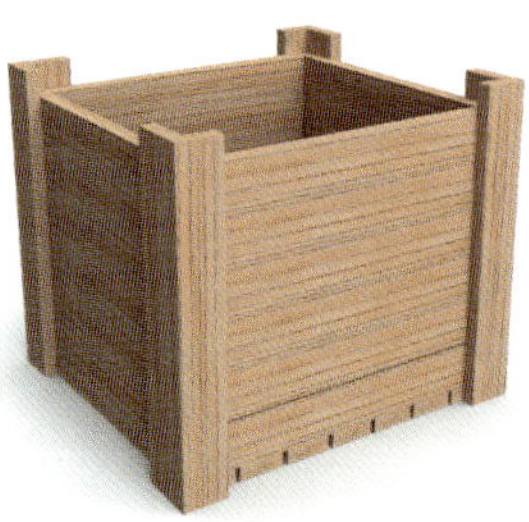

5. An jede Ecke der Box einen Winkel aus Schritt 1 kleben.

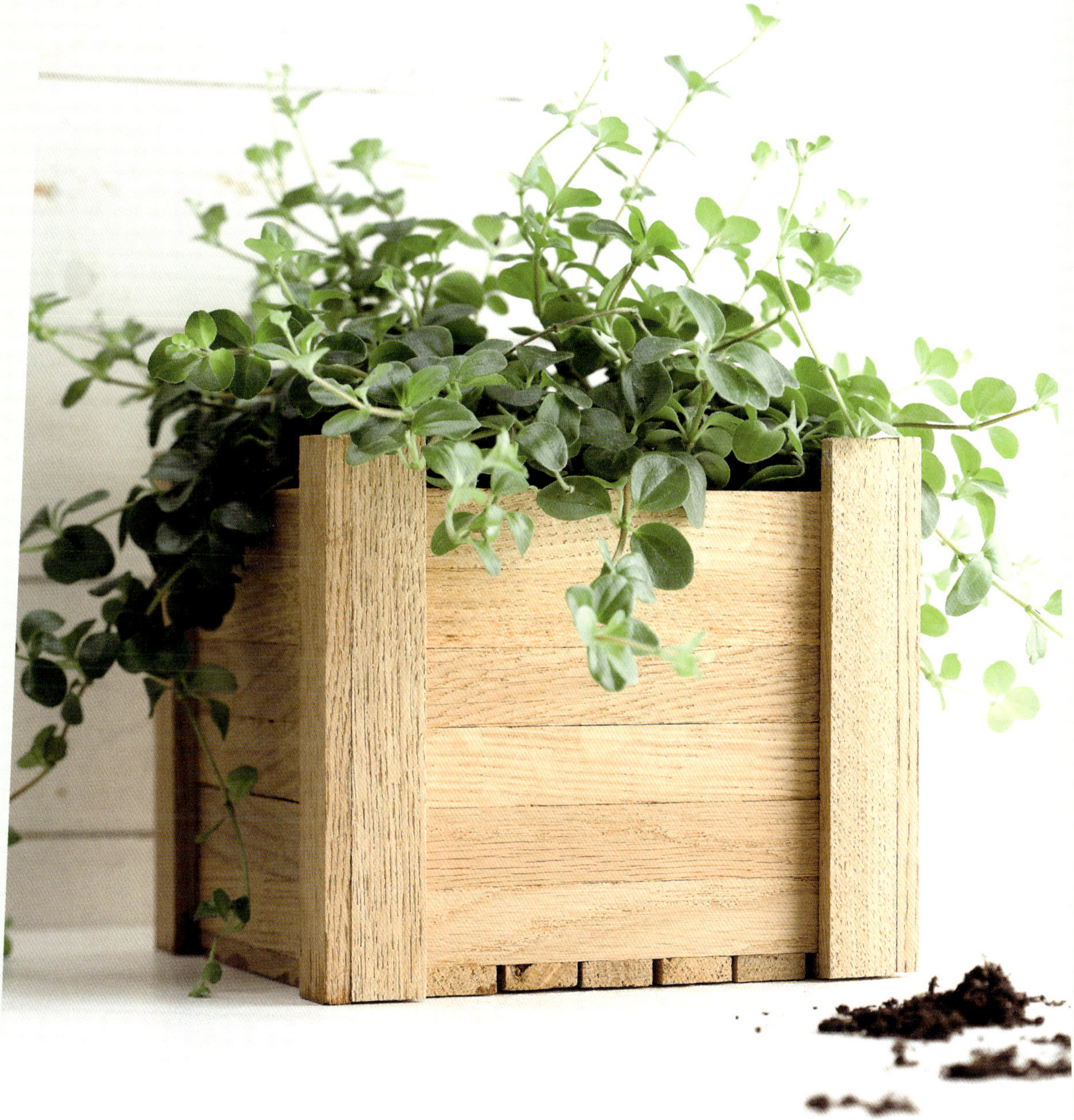

Gemütliches Laternenlicht

34 Klötzchen à 22x8x160 mm
1 Klötzchen à 10x8x160 mm
Holzleim

Tipp

Du kannst von innen Transparentfolie in die Laterne kleben und diese von Hand oder mithilfe eines Plotters beschriften.

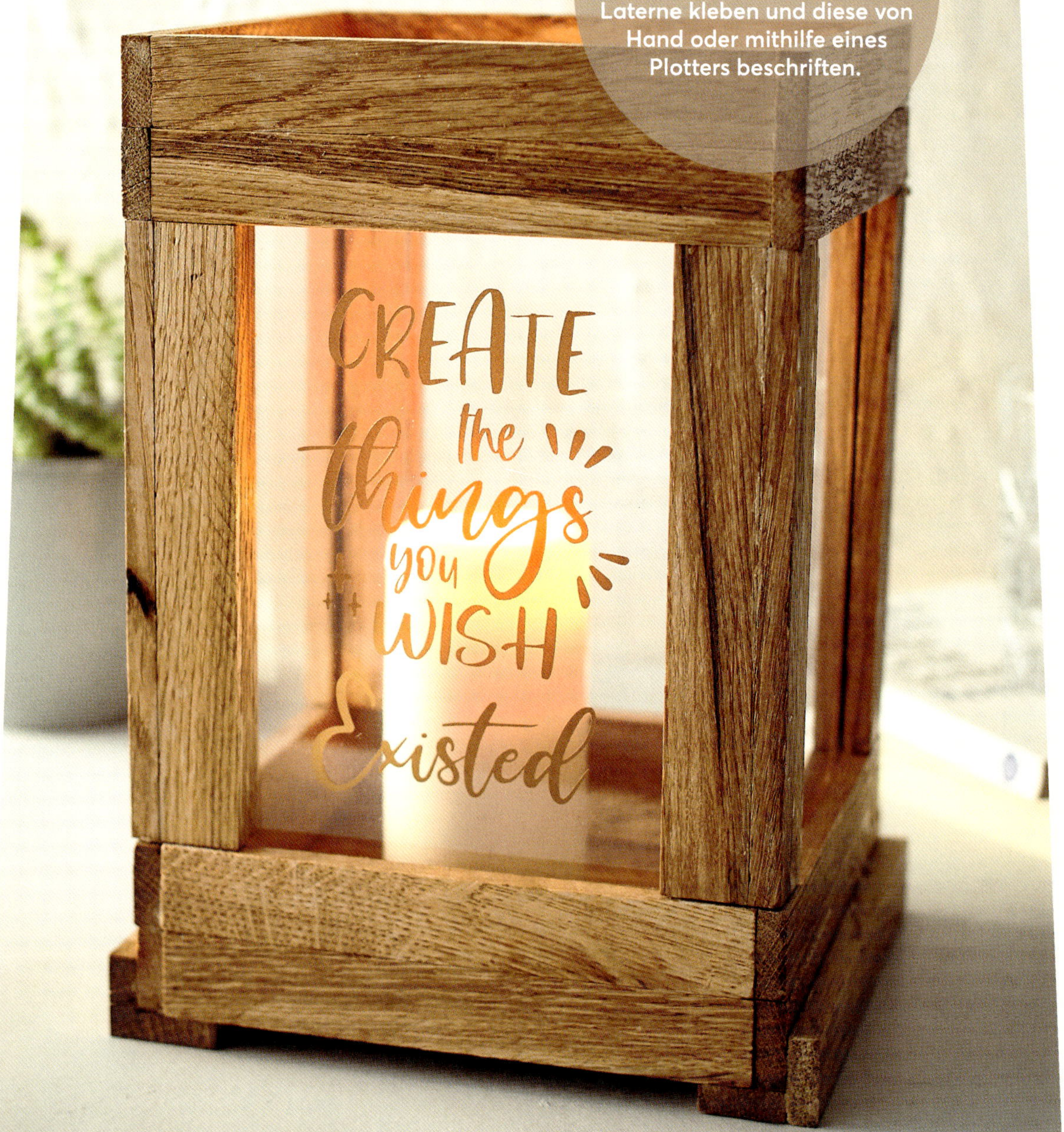

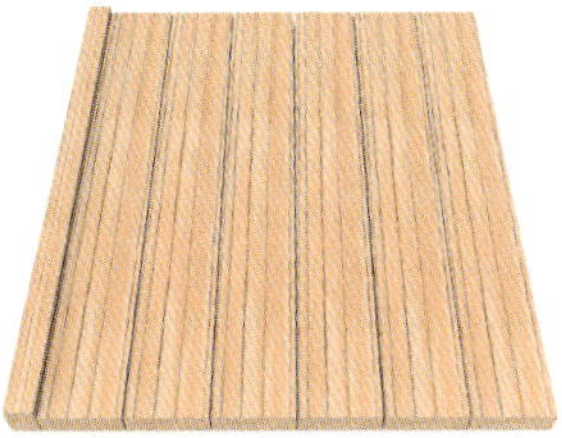

1. 6 breite plus das schmale Klötzchen.

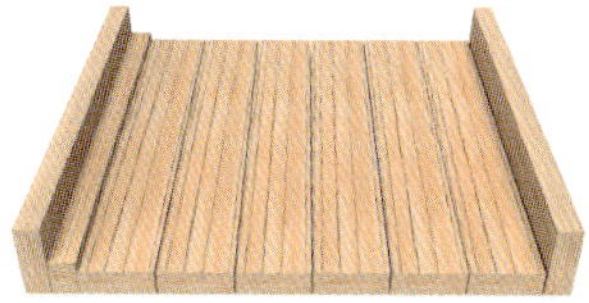

2. Plus 2 Klötzchen.

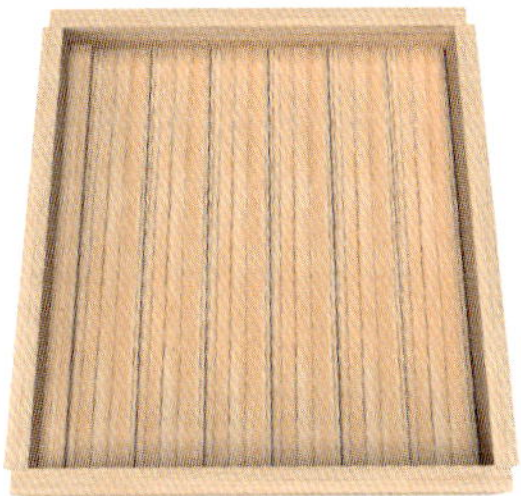

3. Plus 2 Klötzchen.

4. Plus 4 Klötzchen.

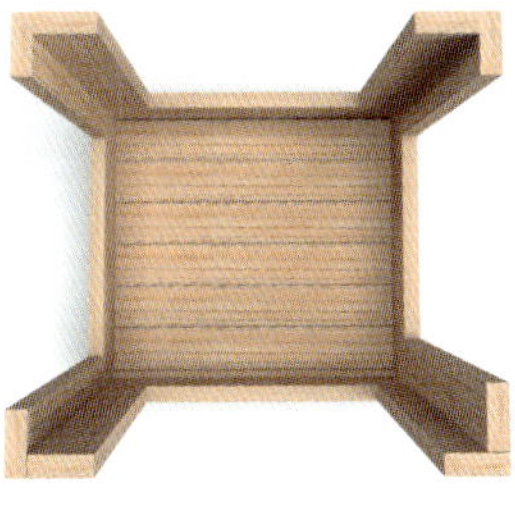

5. Plus Winkel aus 4x 2 Klötzchen.

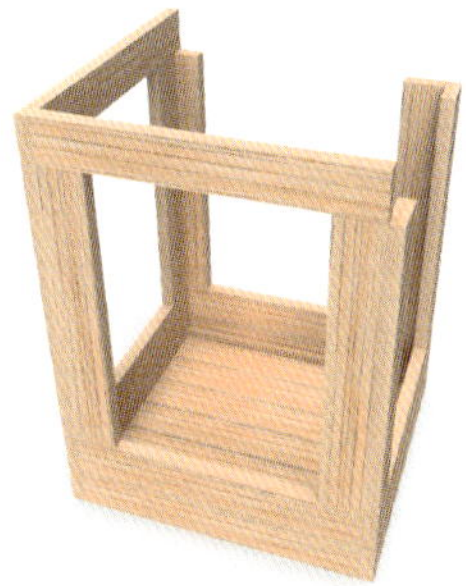

6. Plus 2 Klötzchen.

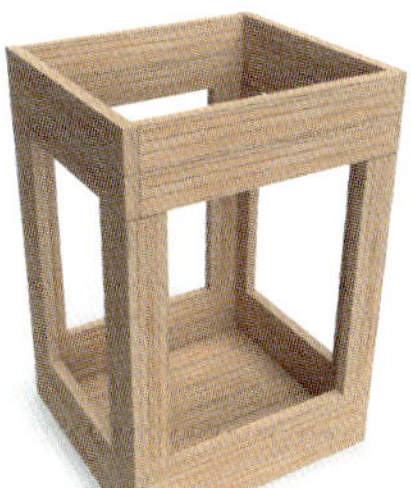

7. Plus 6 Klötzchen.

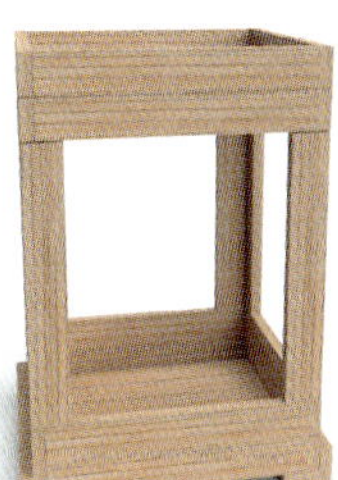

8. Plus Winkel aus 2x 2 Klötzchen als Standfüße.

GEHÄUSE

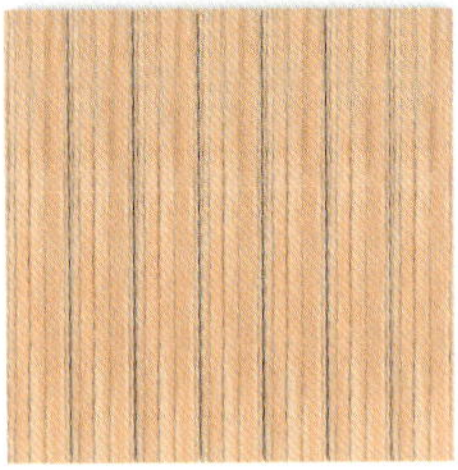

1. 7 Klötzchen.

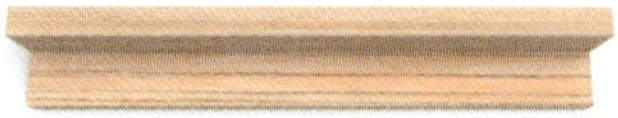

2. 4 Winkel aus je 2 Klötzchen.

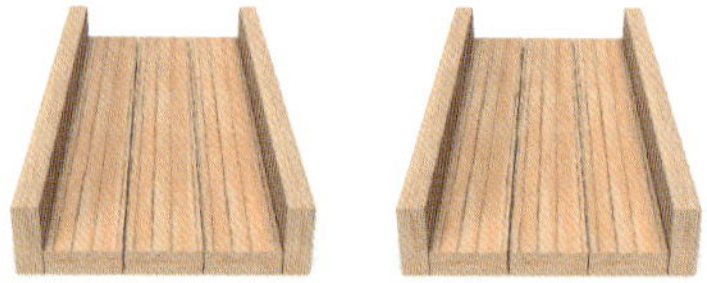

3. Winkel aus Schritt 2 plus 2 Klötzchen.

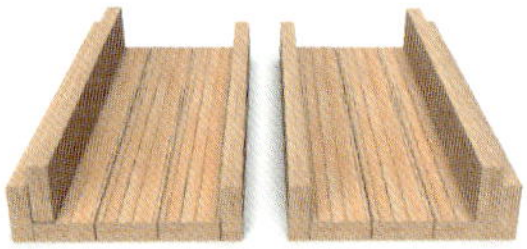

4. Plus 2 Klötzchen.

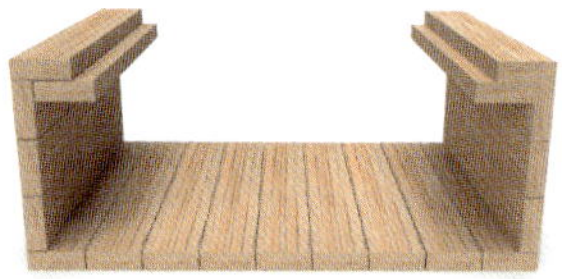

5. Die Elemente aus Schritt 1 und 4 zusammensetzen.

SCHUBFACH

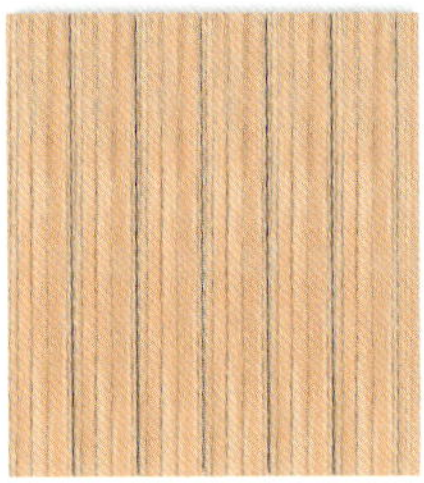

1. 6 breite und das schmale Klötzchen.

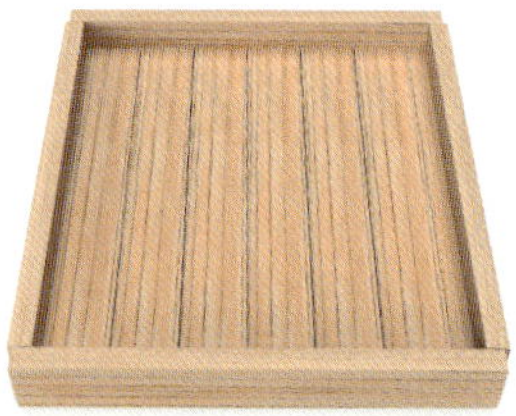

2. Plus 4 Klötzchen.

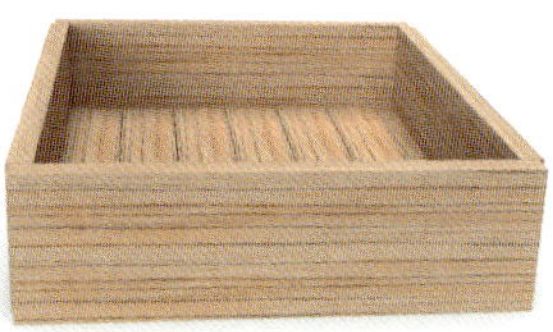

3. Plus 4 Klötzchen

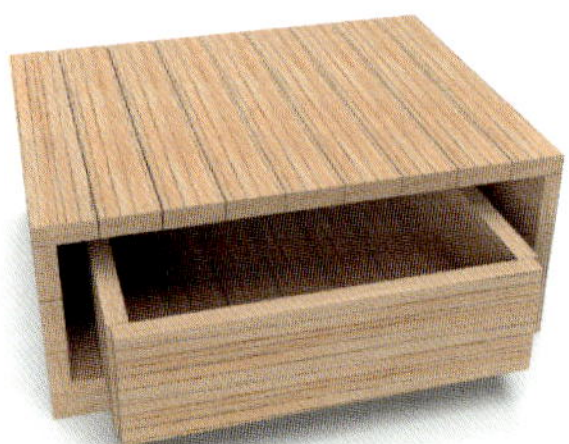

4. Das Schubfach ins Gehäuse einschieben.

Schubladen-Box

Für das Gehäuse
19 Klötzchen à 22x8x160 mm

Für das Schubfach
14 Klötzchen à 22x8x160 mm
1 Klötzchen à 10x8x160 mm

Holzleim

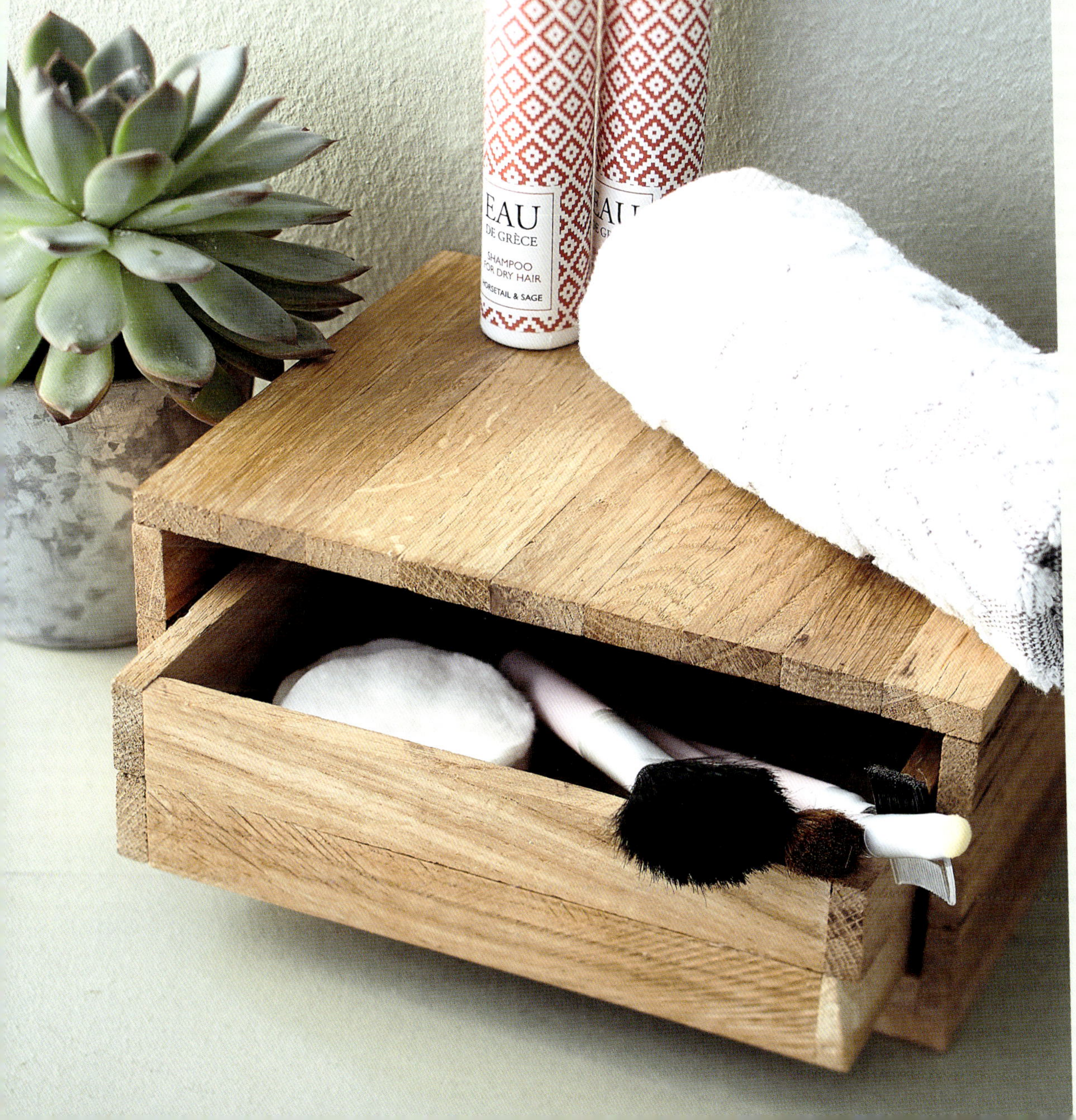

Einladendes Insektenhotel

56 Klötzchen à 22x8x160 mm

2 Aststücke mit Bohrlöchern, ø 4–5 cm

Bambusrohr und Schilf

Zapfen

1 kg lufttrocknende Modelliermasse

Maschendraht in Silber, 16 cm x 12 cm

6 Reißnägel in Silber

Säge

Holzleim

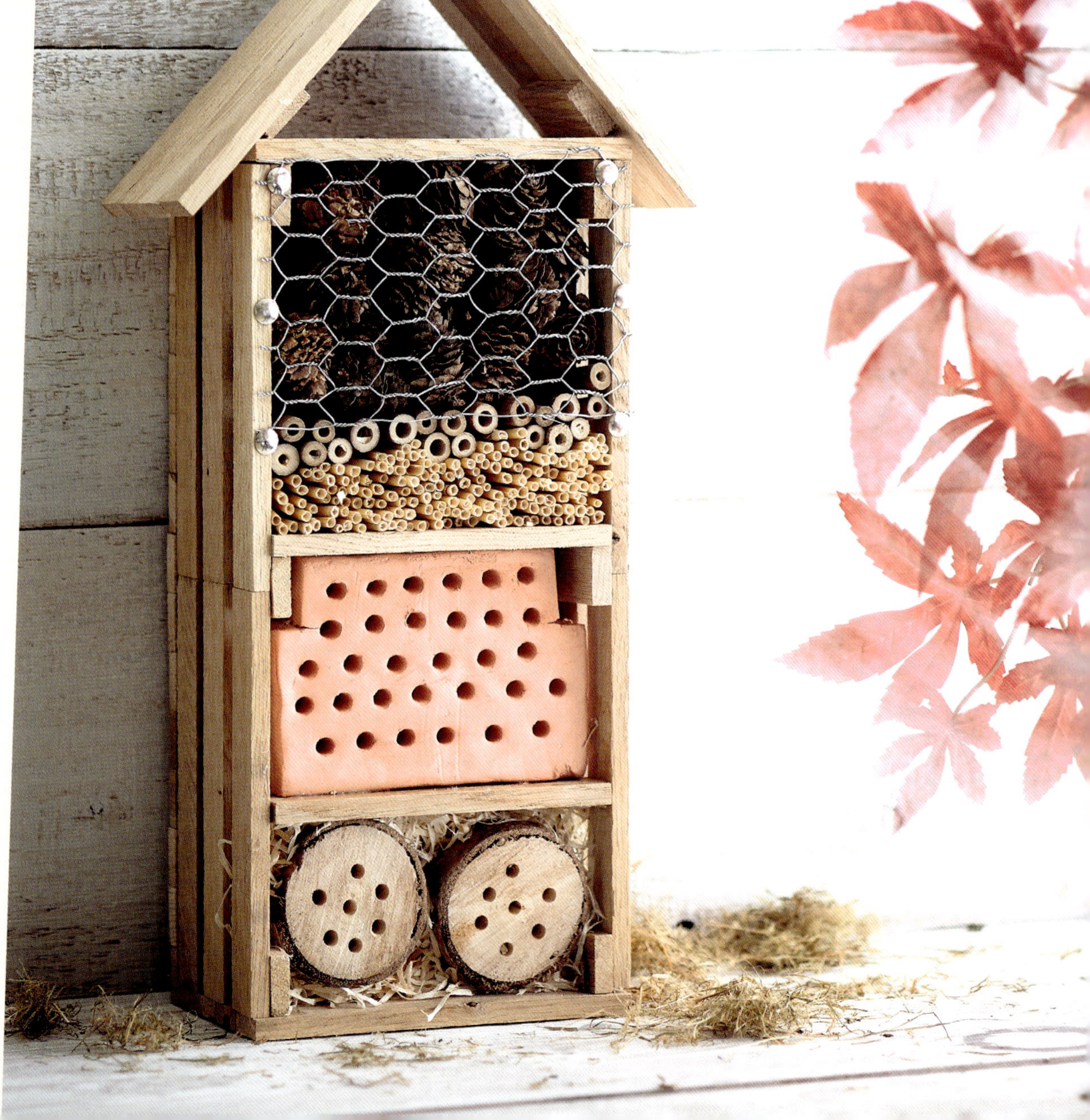

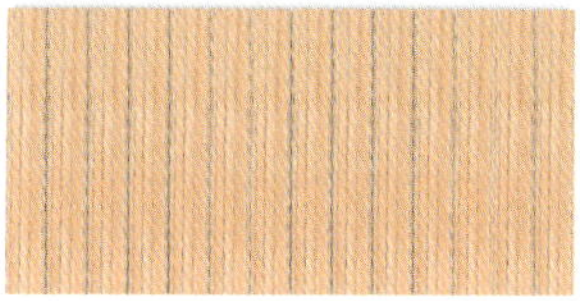

1. 14 Klötzchen.

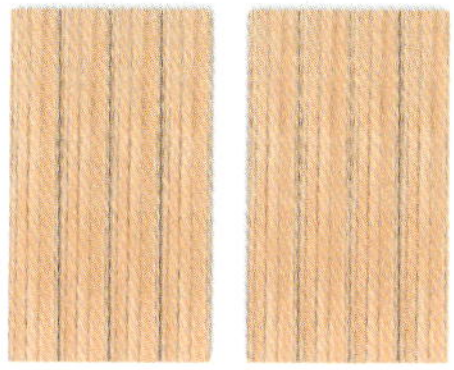

2. 2x 4 Klötzchen.

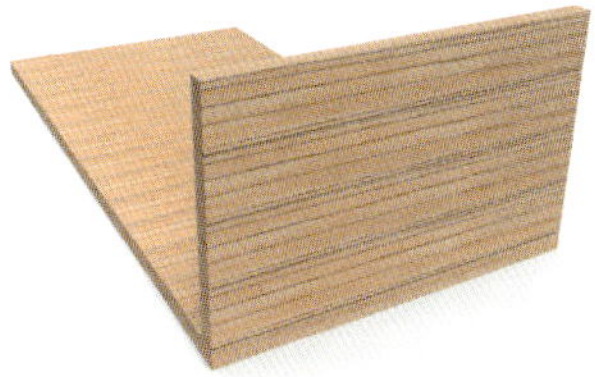

3. Das Element aus Schritt 1 und eines aus Schritt 2 zusammensetzen.

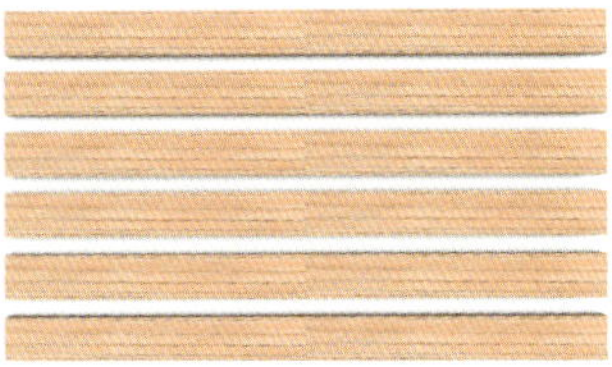

4. 6x 2 Klötzchen.

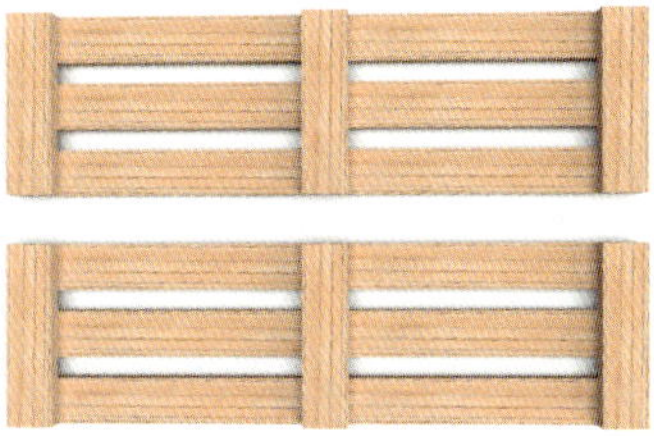

5. 6 Klötzchen auf 9 cm Länge kürzen. Mit den gekürzten Klötzchen je drei Stäbe aus Schritt 4 verbinden.

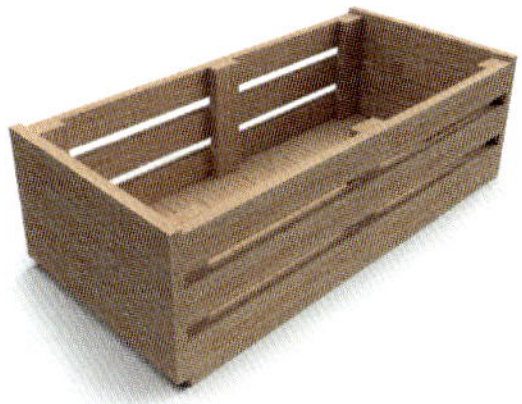

6. Die Elemente aus Schritt 2, 3 und 5 zusammensetzen.

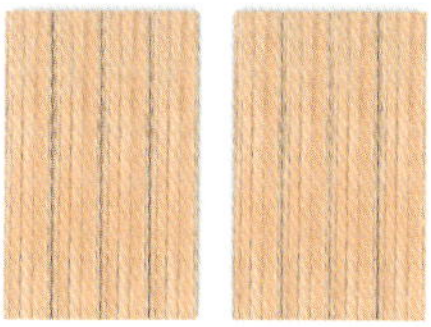

7. 8 Klötzchen auf 14,5 cm Länge kürzen. Verwende 2x 4 gekürzte Klötzchen.

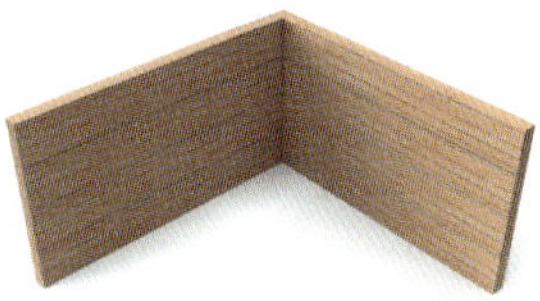

8. 2x 4 Klötzchen.

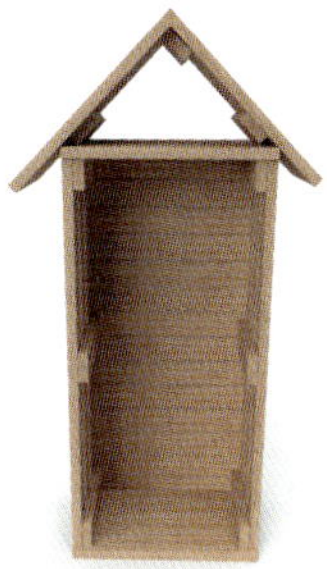

9. Verwende die Reste der Klötzchen aus Schritt 5 zur Verstärkung des Dachs.

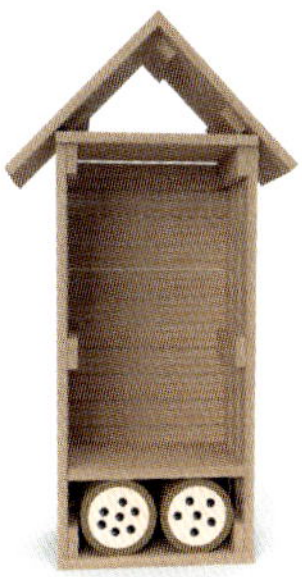

10. Die Aststücke ganz unten in die Box legen. Dann einen Regalboden aus Schritt 7 einlegen.

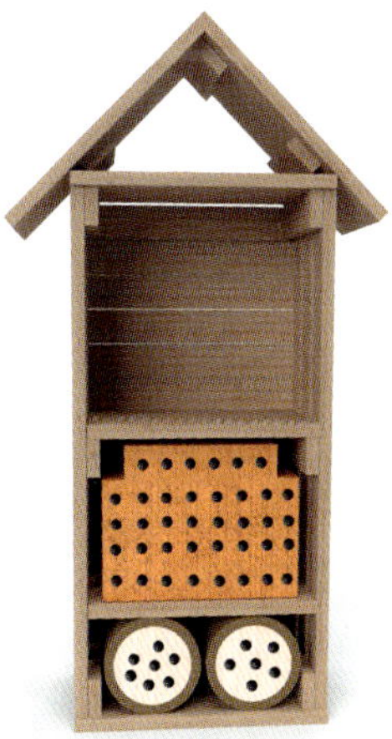

11. Die Modelliermasse so formen, dass sie gut ins Insektenhotel reinpasst und mit einem Bleistift Löcher einstechen. Die Masse in die Box legen, den zweiten Boden aus Schritt 7 einlegen. Das Insektenhotel mit dem Naturmaterial befüllen. Den Maschendraht mit Reißnägeln befestigen.

Hübsche Trockenblumentreppe

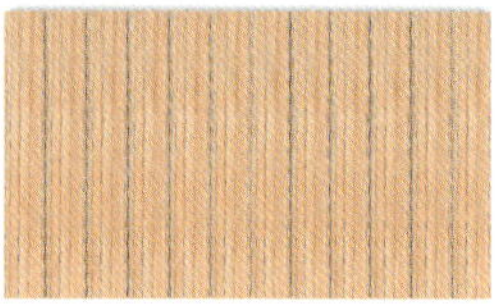

1. 12 breite Klötzchen.

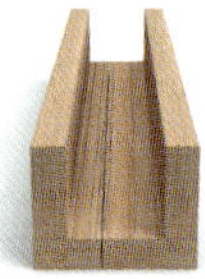

2. 3 breite plus ein schmales Klötzchen. Umdrehen.

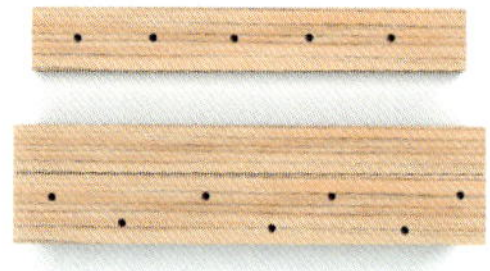

3. Element aus Schritt 2 und ein breites Klötzchen. Bohrmarkierungen anbringen und Löcher bohren.

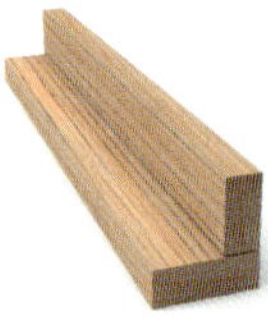

4. Ein breites plus ein schmales Klötzchen.

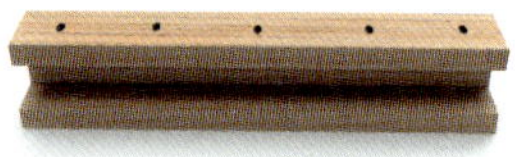

5. Das Klötzchen aus Schritt 3 auf den Winkel aus Schritt 4 setzen.

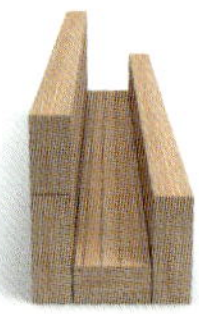

6. Das Element aus Schritt 5 plus ein schmales Klötzchen.

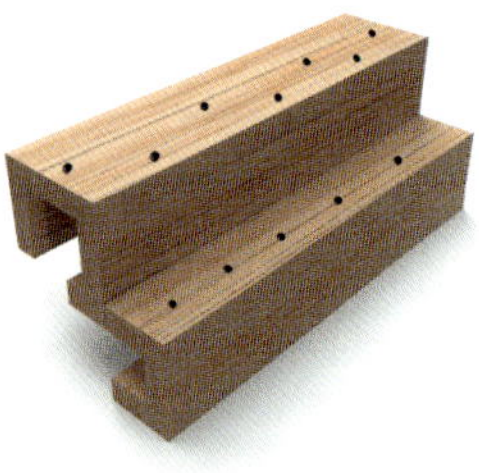

7. Die Elemente aus Schritt 2 und 6 zusammensetzen.

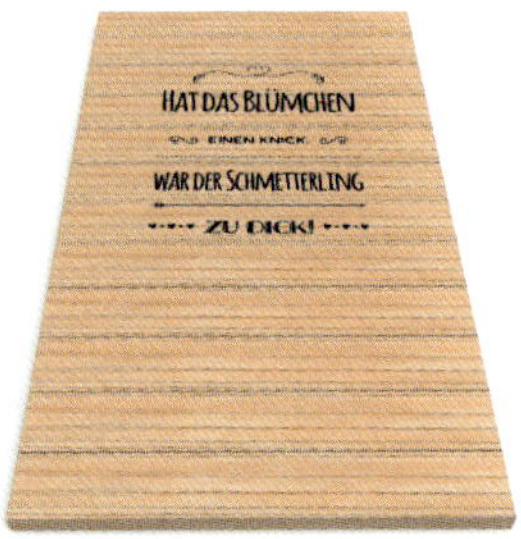

8. Auf die Platte aus Schritt 1 einen Schriftzug anbringen. Die Vorlage herunterladen, ausdrucken und mithilfe des Kohlepapiers auf die Platte übertragen. Mit dem Brandkolben oder alternativ mit einem Acrylmarker den Schriftzug nachfahren.

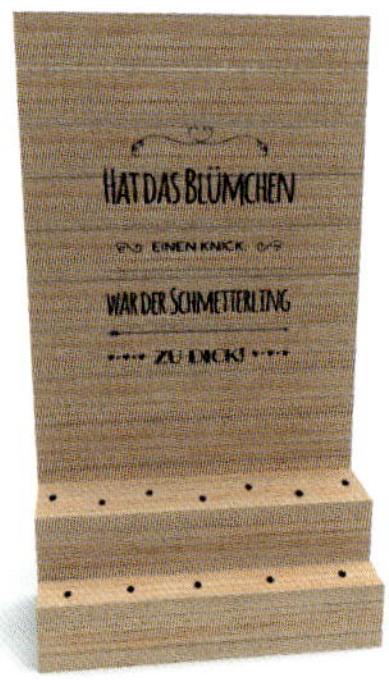

9. Die Treppenstufen aus Schritt 7 vor die Platte setzen. Für genaues Auftragen von Holzleim die Schnittstelle von Treppe und Platte markieren. Festkleben.

- 17 Klötzchen à 22x8x160 mm
- 3 Klötzchen à 16x8x160 mm
- Trockenblumen
- Holzleim
- Bohrer, ø 3 mm
- Kohlepapier
- Brandkolben mit einer feinen und mittleren Spitze bzw. Acrylmarker

Vorlage für Schriftzug (Downloadlink siehe Seite 61)

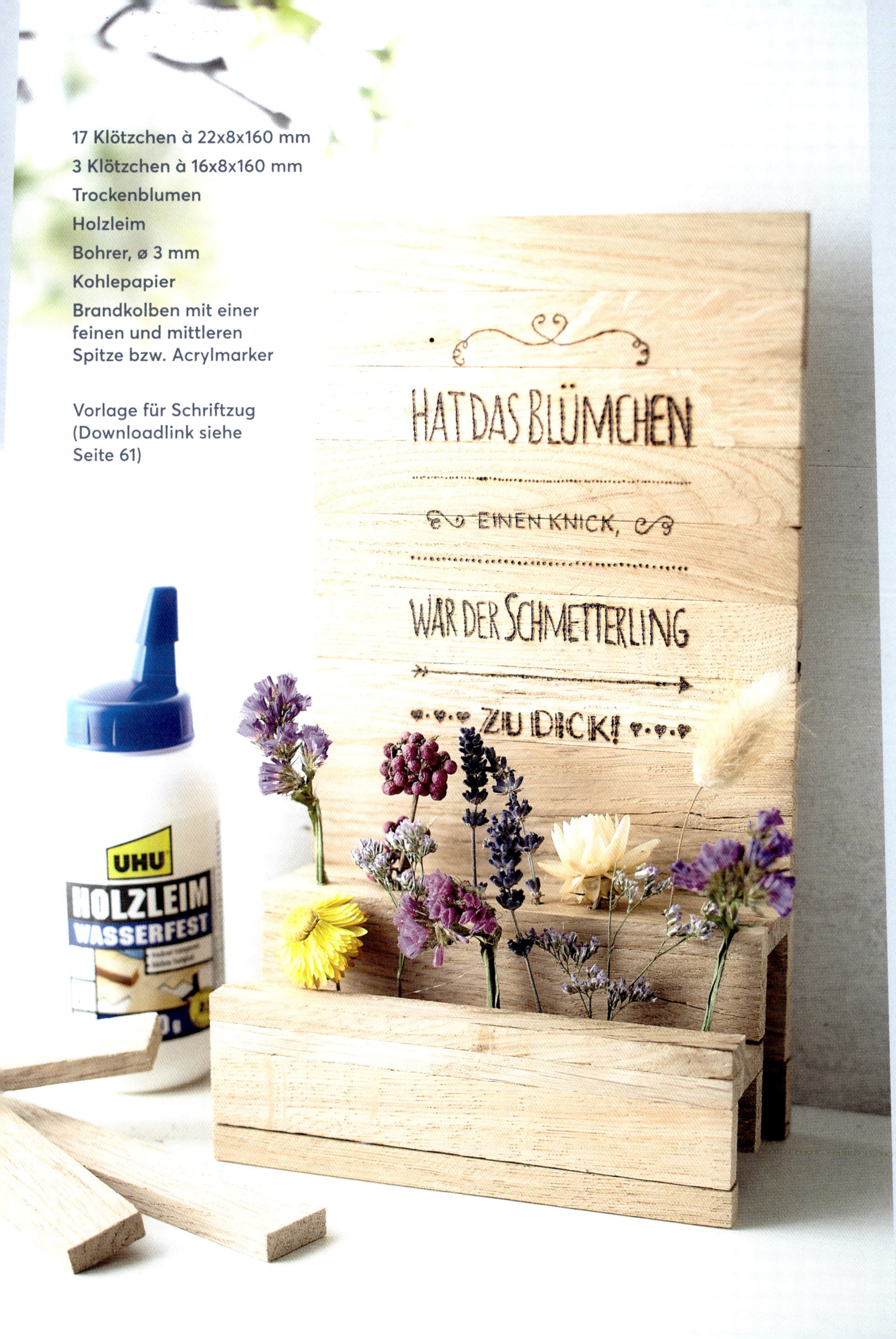

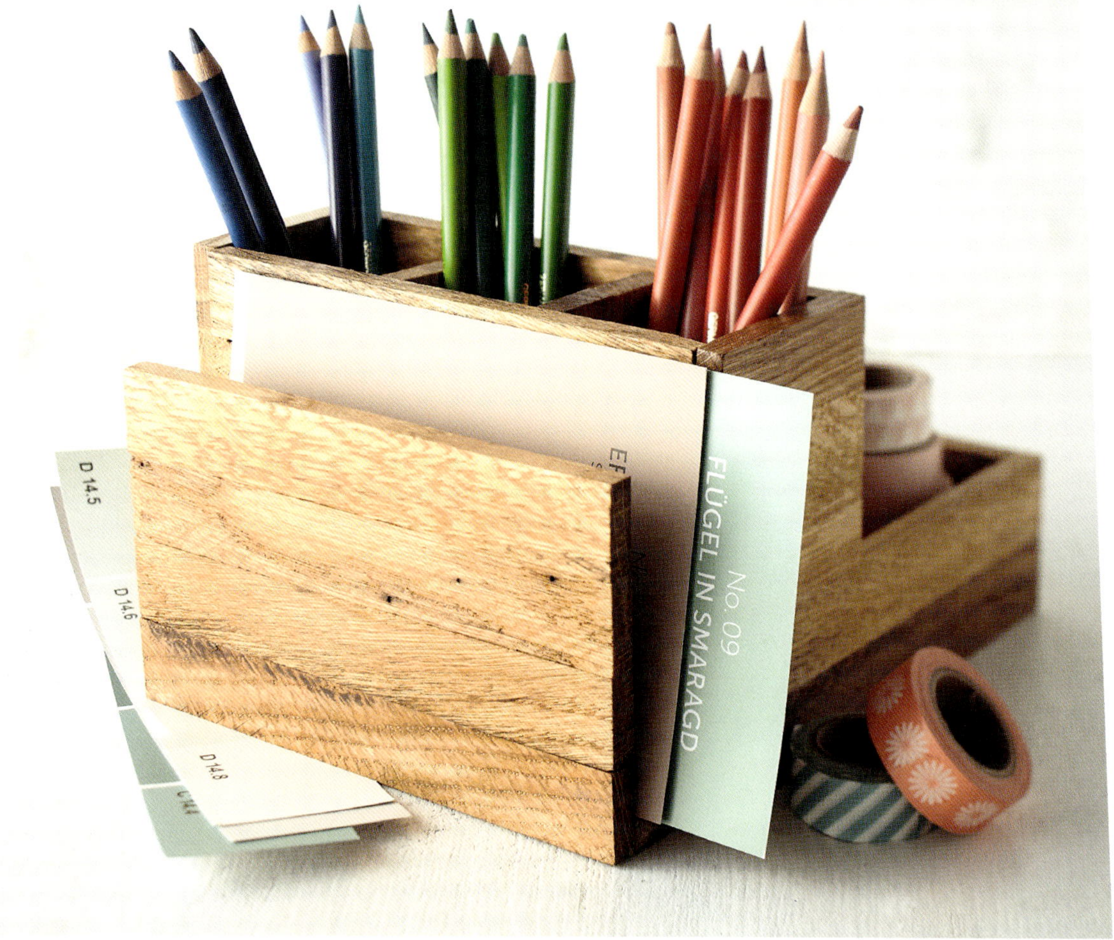

Schreibtisch-Organizer

34 Klötzchen
à 22x8x160 mm

Holzleim

Säge

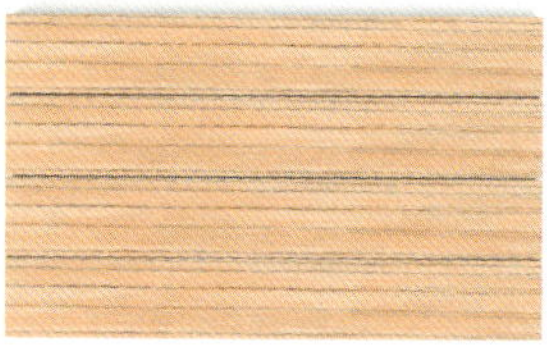

1. 2x 4 Klötzchen.

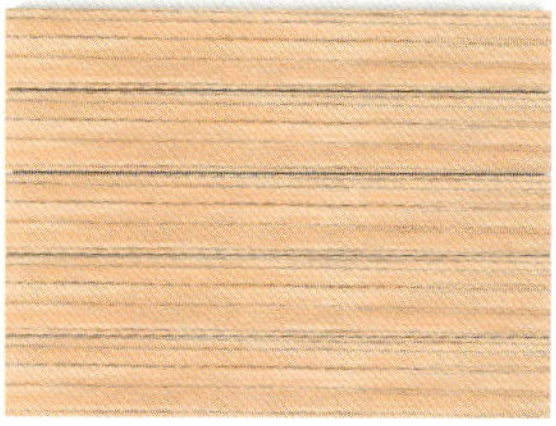

2. 2x 5 Klötzchen.

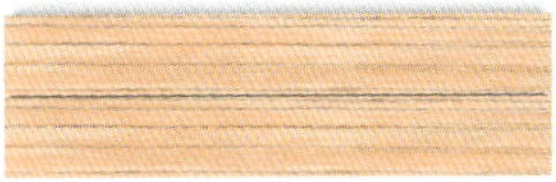

3. 6x 2 Klötzchen.

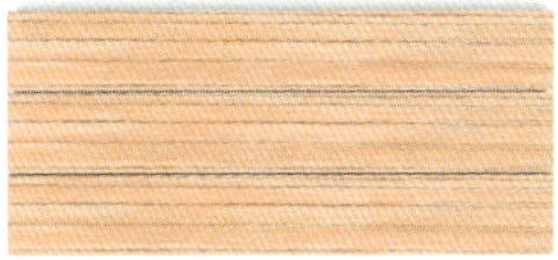

4. 1x 3 Klötzchen.

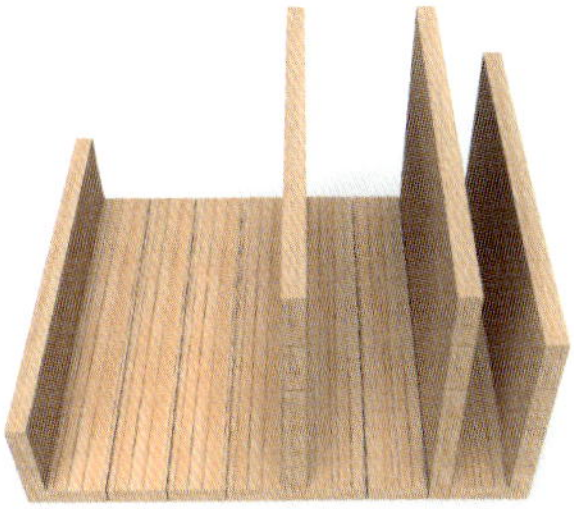

5. Die Platten in folgender Reihenfolge zusammenleimen: Zweierplatte stehend, Viererplatte liegend, Fünferplatte stehend, Zweierplatte liegend, Fünferplatte stehend, ein Klötzchen liegend, Viererplatte stehend.

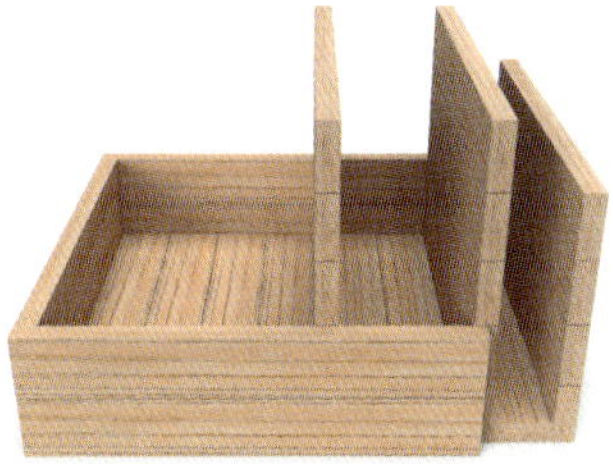

6. Mit zwei Platten aus Schritt 3 die Seiten schließen.

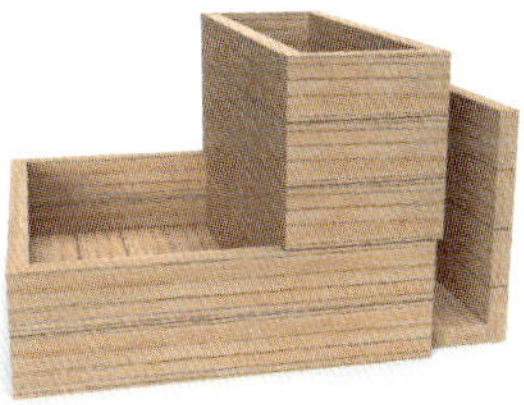

7. Die Dreierplatte an einer offenen Seite anlegen, die benötigte Breite markieren und zusägen. Beide Seiten auf diese Weise schließen.

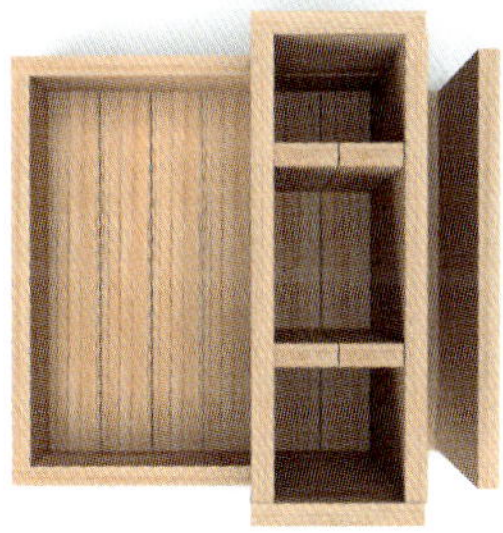

8. Die übrigen Platten aus Schritt 3 kürzen und als Trennwände in das Fach einschieben. Verleimen ist nicht nötig.

Für das Basismodul

42 Klötzchen
à 22x8x160 mm

Für das Aufsatzmodul

27 Klötzchen
à 22x8x160 mm

Holzleim

BASISMODUL

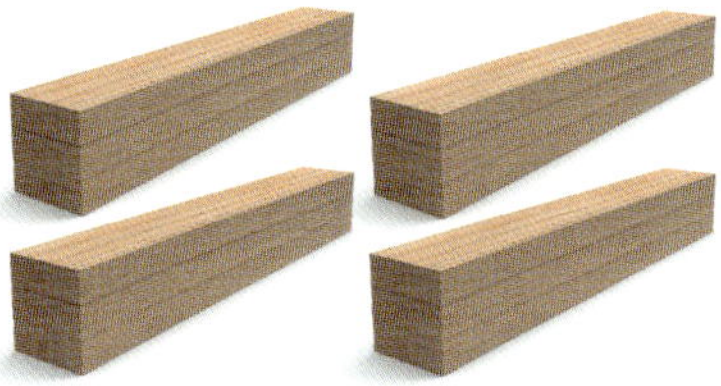

1. 4x 3 Klötzchen.

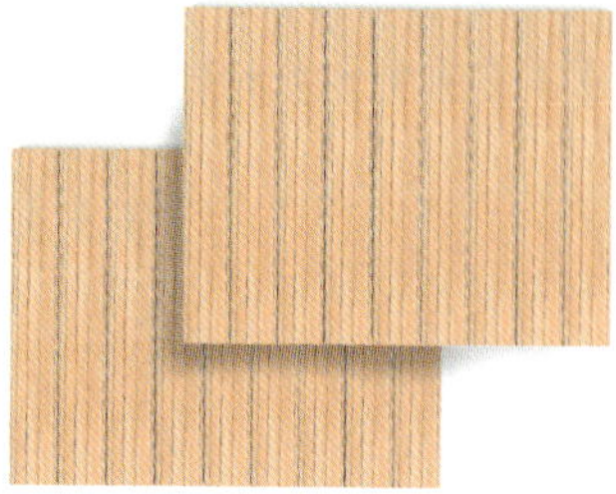

2. 2x 9 Klötzchen.

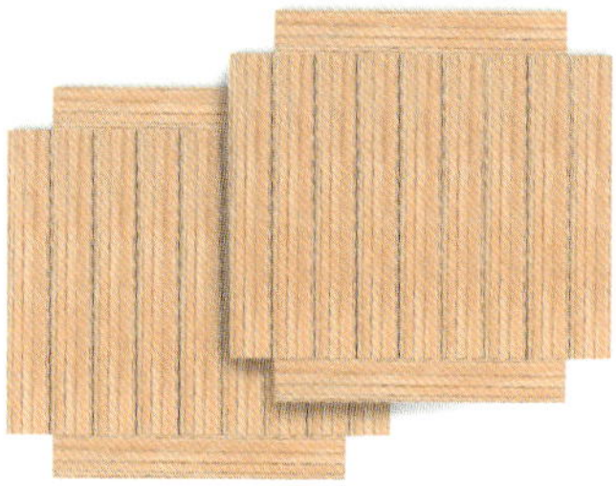

3. Plus 2x 2 Klötzchen.

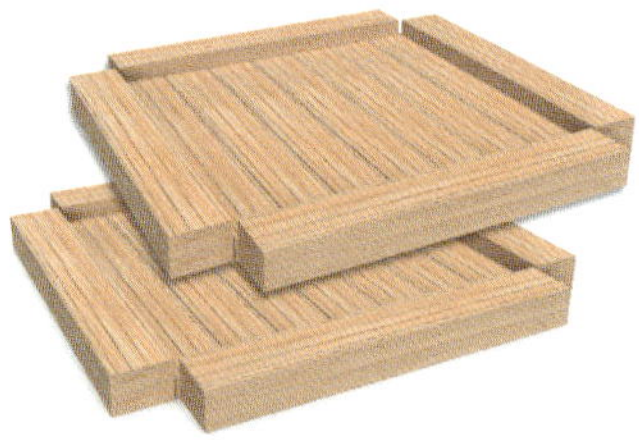

4. Plus 2x 4 Klötzchen.

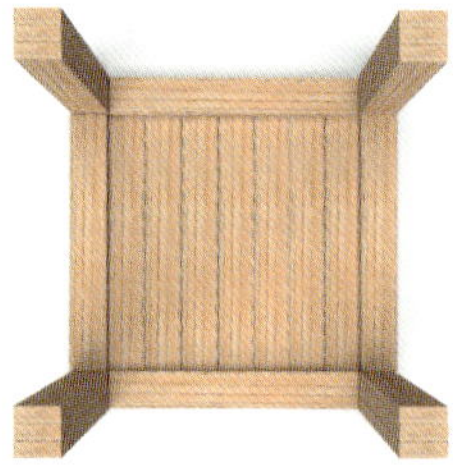

5. Die Beine aus Schritt 1 in den Ecken einer Platte aus Schritt 4 festkleben.

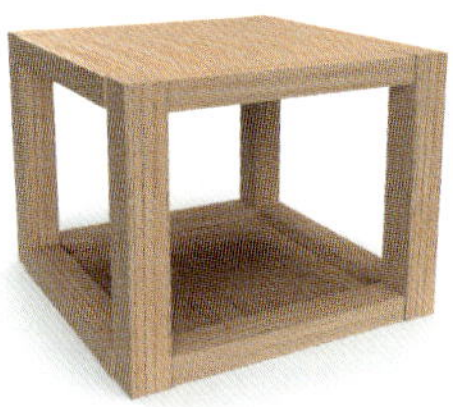

6. Die zweite Platte aus Schritt 4 zwischen die vier Beine kleben.

AUFSATZMODUL

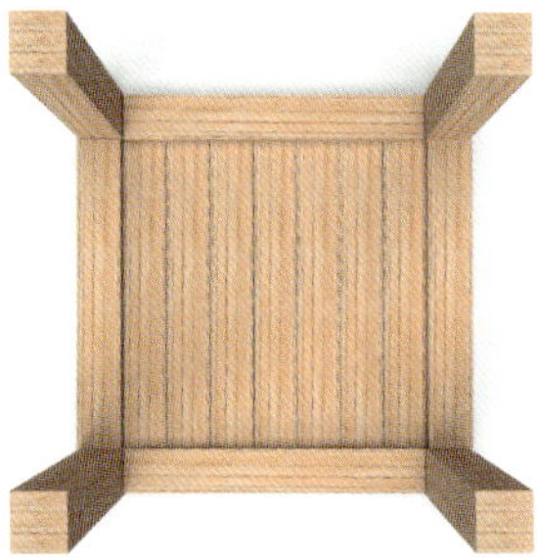

1. Für das Aufsatzmodul die Schritte 1–5 für das Basismoduls wiederholen. Wichtig: In Schritt 2 wird nur eine 9er-Platte hergestellt! Auch die Schritte 3+4 nur an einer Platte durchführen.

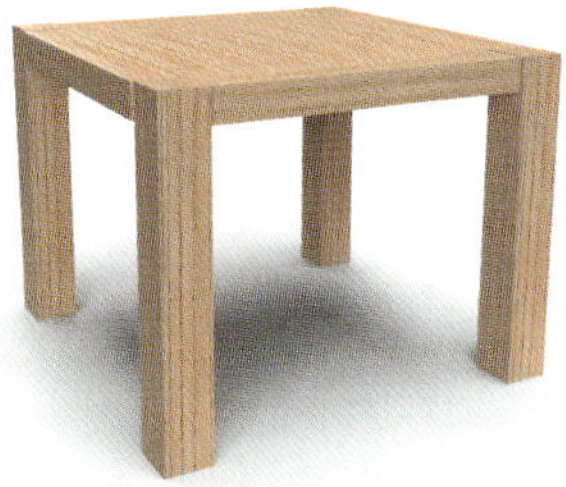

2. Das Aufsatzmodul umdrehen.

Wandelbares Modul-Regal

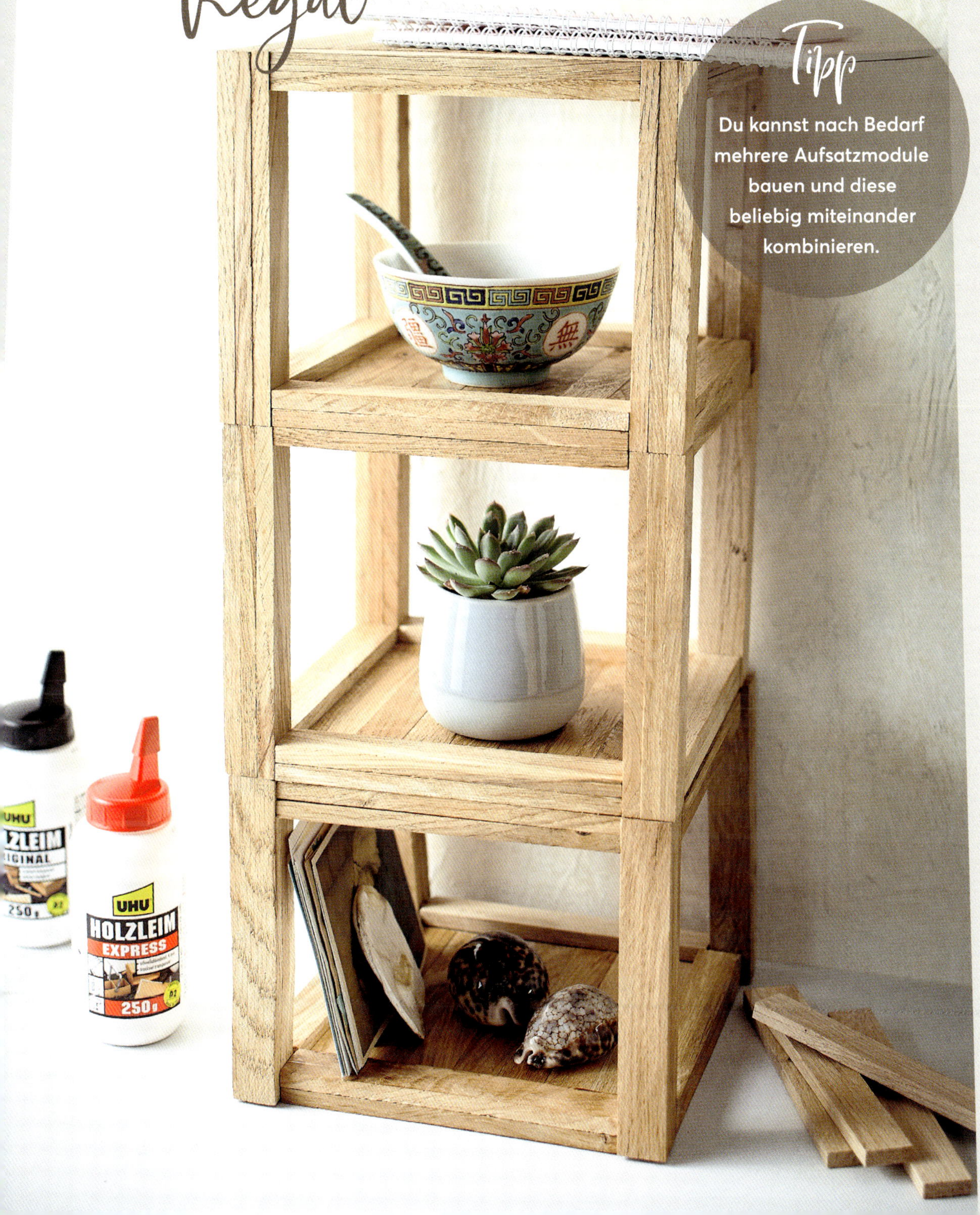

Tipp

Du kannst nach Bedarf mehrere Aufsatzmodule bauen und diese beliebig miteinander kombinieren.

Buchempfehlungen für Dich

Noch mehr Kreativ-Bücher zum gleichen Thema gesucht?

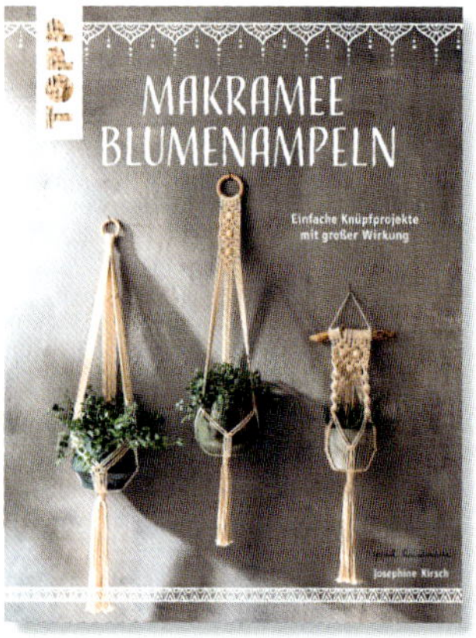

ISBN 978-3-7724-4629-0

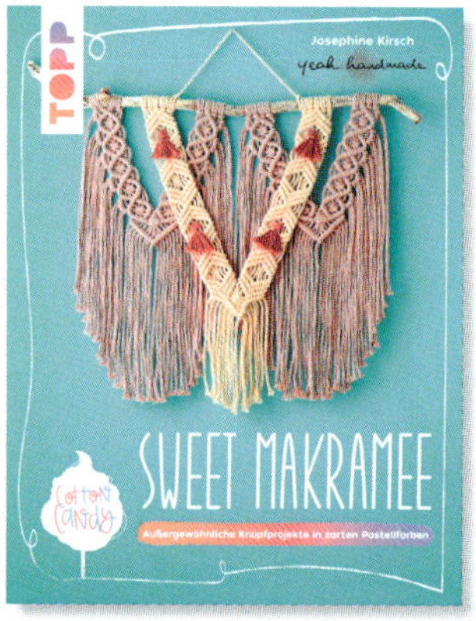

ISBN 978-3-7724-4628-3

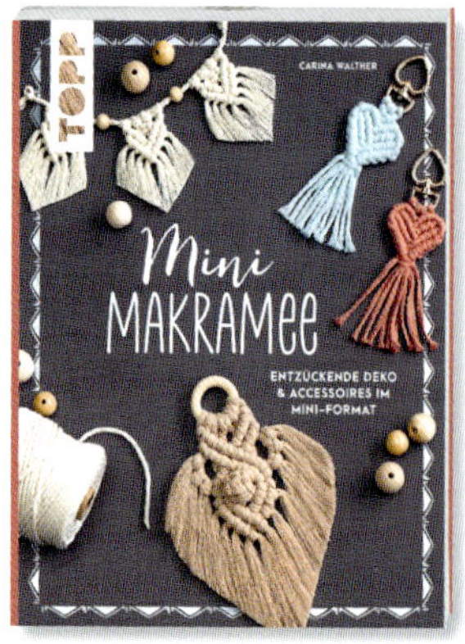

ISBN 978-3-7358-5105-5

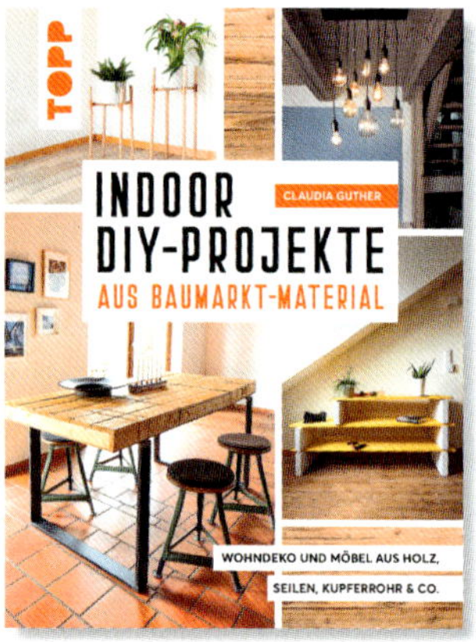

ISBN 978-3-7724-7169-8

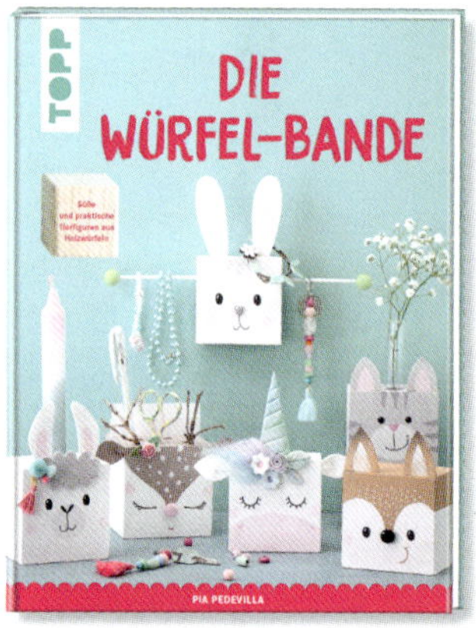

ISBN 978-3-7358-5243-4

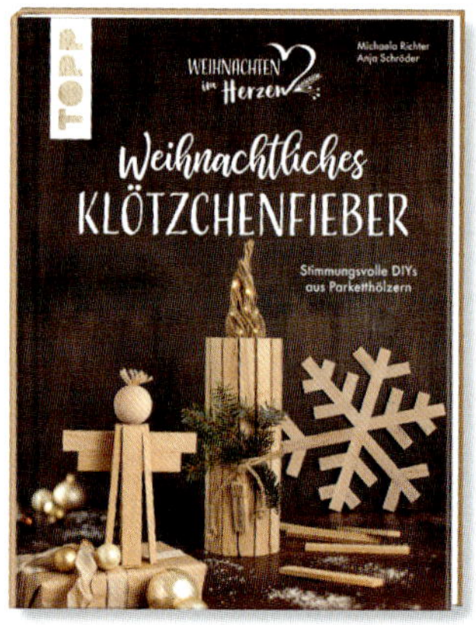

ISBN 978-3-7358-5061-4

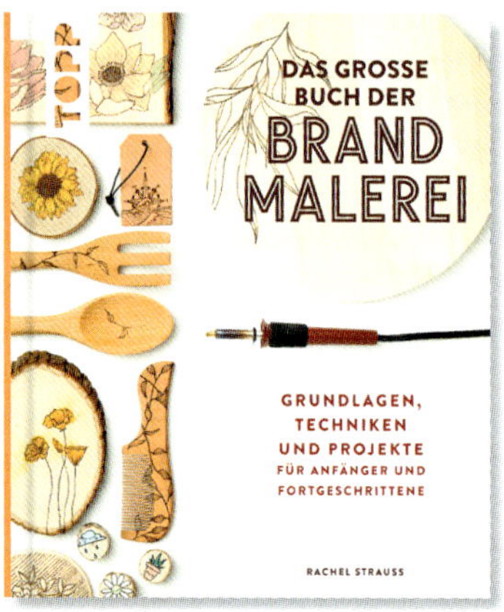

ISBN 978-3-7724-4593-4

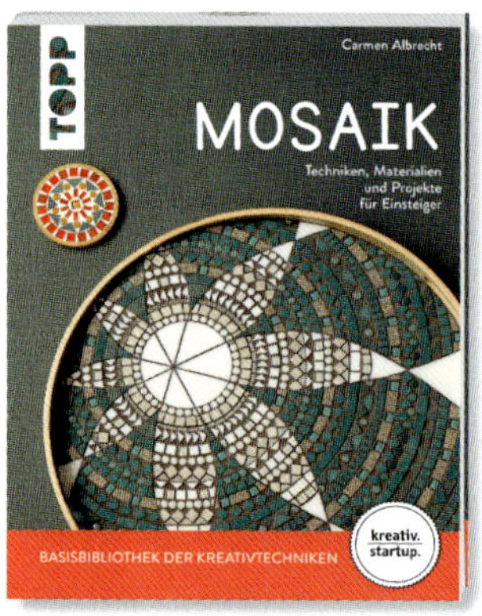

ISBN 978-3-7358-5190-1

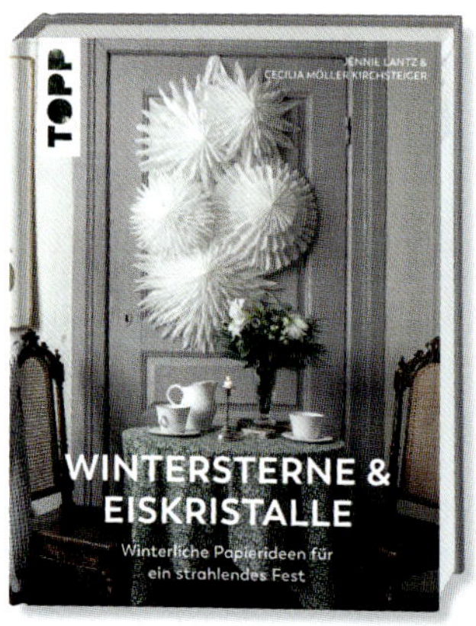

ISBN 978-3-7358-5153-6

Viele weitere Kreativ-Bücher findest du auf www.TOPP-kreativ.de

Entdecke auch unsere Kreativ-Sets!

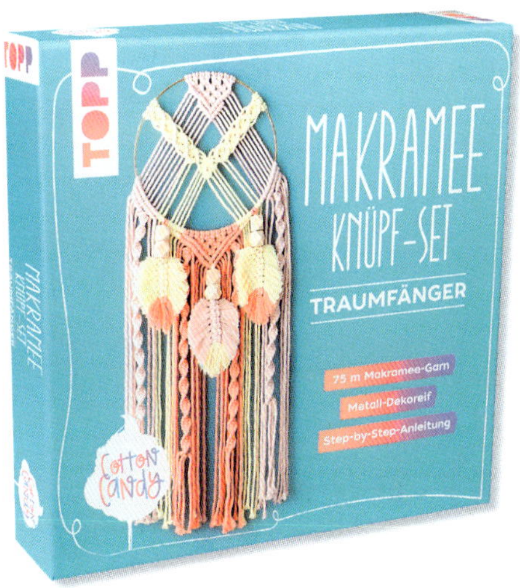

GTIN 4007742182427

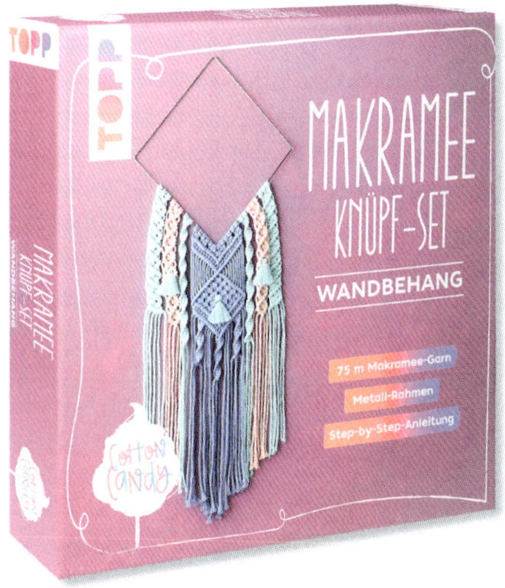

GTIN 4007742182410

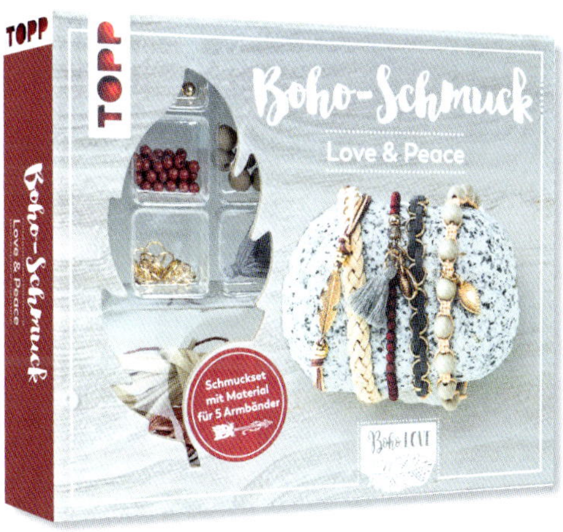

GTIN 4007742180935

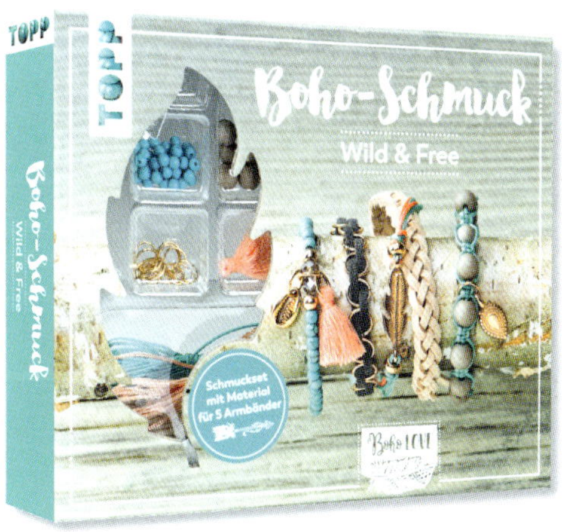

GTIN 4007742180942

#TOPPPROJEKT

Die eigene Kreativität zeigen: TOPPprojekt mit anderen Kreativen teilen und Teil der Gemeinschaft werden.

DIY-begeistert und auf Instagram? Dann unbedingt mitmachen! Hier gibt's Tipps und Feedback zu den eigenen Projekten. Außerdem verlosen wir jeden Monat ein Überraschungspaket. Um am Gewinnspiel teilzunehmen, einfach ein Bild vom Kreativ-Projekt aus unseren Büchern mit #TOPPprojekt posten und unserem Account @frechverlag folgen. Mehr Infos auf TOPP-kreativ.de/TOPPprojekt

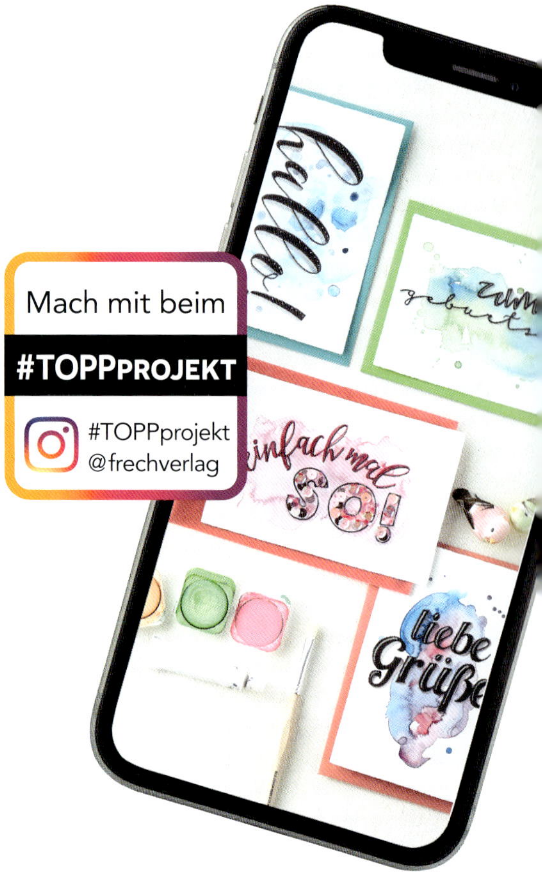

Website
Auf TOPP-kreativ.de kannst du ein riesiges Angebot von über 1.000 Kreativbüchern, Sets & mehr entdecken.

Newsletter
Gleich anmelden unter: TOPP-kreativ.de/newsletter und immer als Erstes von unseren Neuheiten und Sonderaktionen erfahren.

Instagram
@frechverlag

Pinterest
pinterest.com/frechverlag

Facebook
facebook.com/frechverlag

DigiBib
Hier findest du zusätzlich zu vielen unserer Bücher digitale Extras, wie Video-Tutorials, Plotter-Dateien, Vorlagen, Übungsblätter & vieles mehr. Einfach im Impressum deines TOPP-Buchs den Freischalte-Code nachschlagen und exklusive Inhalte freischalten. TOPP-kreativ.de/digibib

Youtube
youtube.com/frechverlag

Wer wir sind, wie wir arbeiten, was wir lieben ...

Auf Instagram, Facebook und Pinterest findest du mehr über uns und unsere Arbeit und wirst immer schnell und einfach mit den neuesten Infos versorgt.

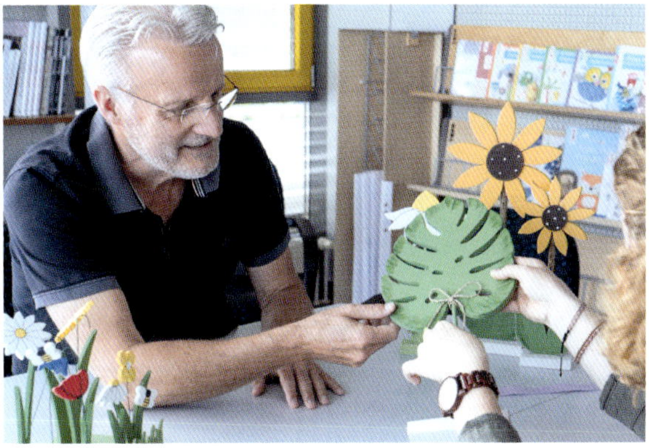

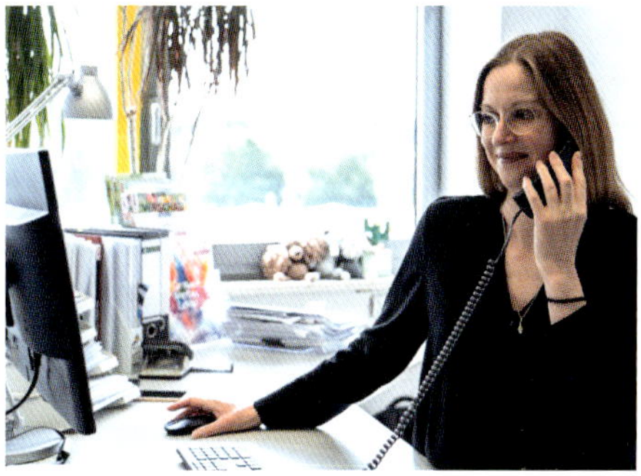

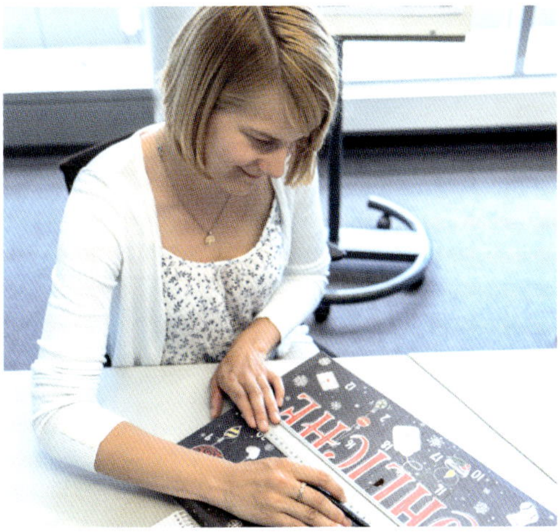

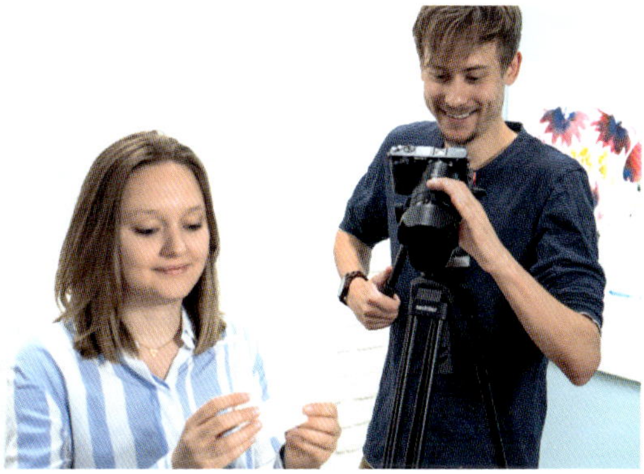

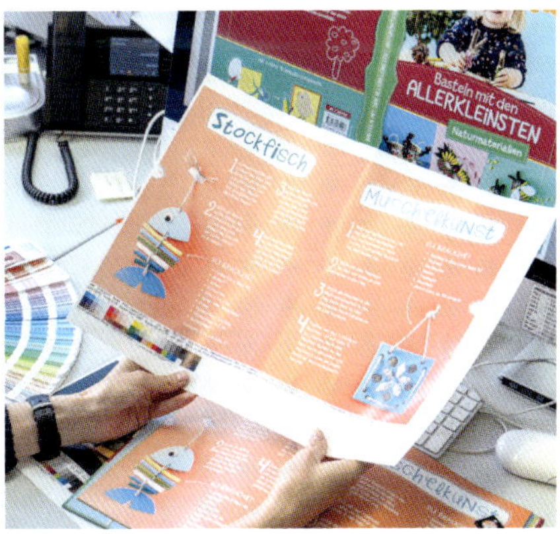

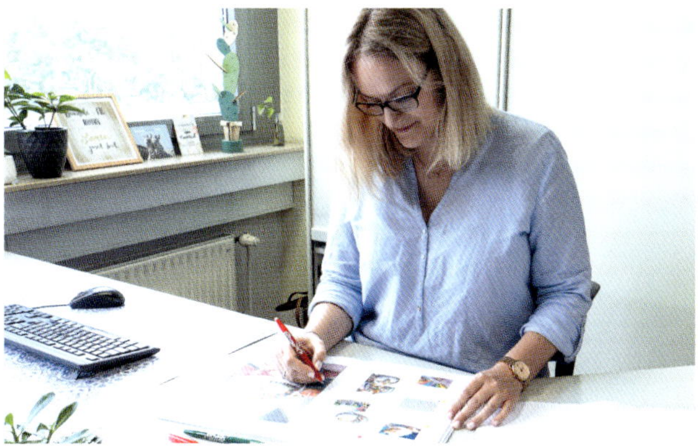

Alle News, alle Infos und alle Links findest du auf www.TOPP-kreativ.de

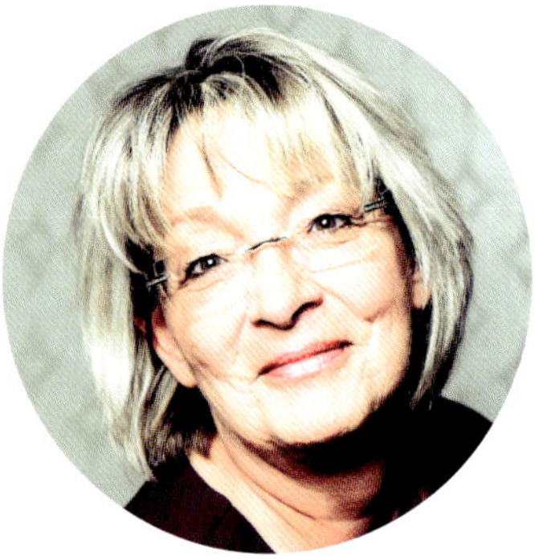

MICHAELA RICHTER hat „DIY“ schon praktiziert, als es noch „selbst gemacht“ hieß. Sie lernte früh stricken, absolvierte eine Schneiderlehre und war außerdem zuständig für den Bastelstand auf Schulfesten ihrer Kinder. Ob Kerzen gießen, Gestecke herstellen oder Formen aus Gips anfertigen – es reizt sie immer wieder neue Materialien kennenzulernen und auszuprobieren. So ist sie letztlich auch beim Holz gelandet und dem Klötzchenfieber verfallen.
Ihre kreativen Projekte findet man auf ihrem Blog (www.michamade.de).

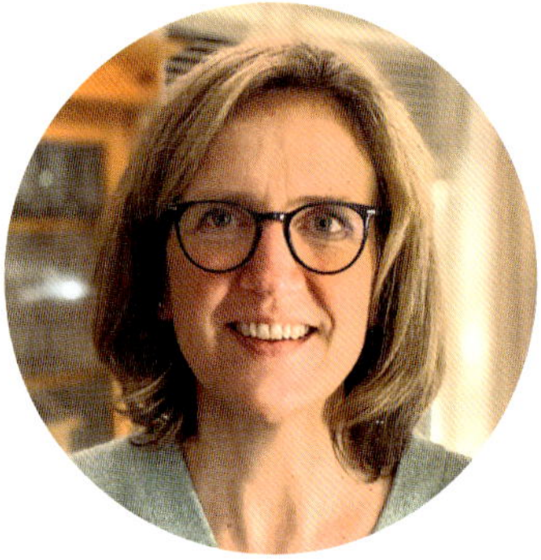

ANJA SCHRÖDER lebt mit ihrem Mann und zwei Söhnen in Schleswig-Holstein und betreibt seit 22 Jahren ein Fachgeschäft für Bastelmaterial und Dekorationsartikel in Geesthacht. Seit Jahren gibt sie Kurse für verschiedene Techniken und fertigt Muster für die ständig wechselnden Dekorationen an. Was einmal mit Nähkursen für Waldorfpuppen und Teddybären sowie einer Verkaufsbude auf Kunsthandwerkermärkten begann, ist heute ein Bastelgeschäft mit Onlineshop (www.basteln-und-dekorieren.de) und drei Mitarbeitern.

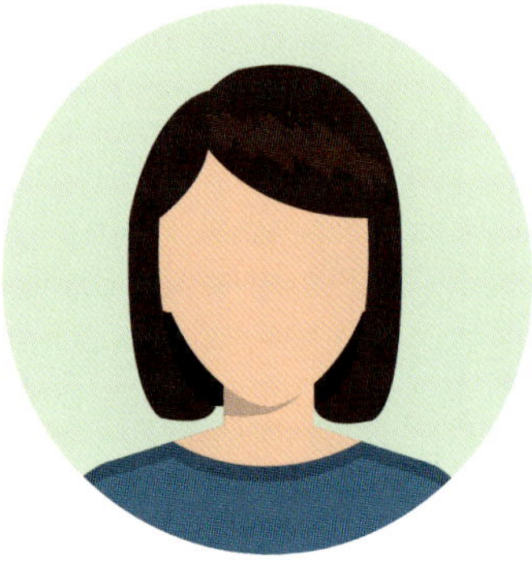

LOUISE LINDGRÜN In ihrem Job als Grafikdesignerin hat sie täglich mit Formen, Farben und Kompositionen zu tun. Nach getaner Arbeit am PC steht die kreative, handwerkliche Arbeit im Fokus. Dabei verarbeitet sie die unterschiedlichsten Materialien, am liebsten aber Papier, Holz und Leder. Mithilfe von Druck- oder Foto-Techniken werden die Materialien veredelt und es entstehen neue Dekorationsstücke oder Geschenke für Familie und Freunde. Natürlich darf Farbe dabei nicht zu kurz kommen, es darf aber auch mal nur Ton in Ton sein.

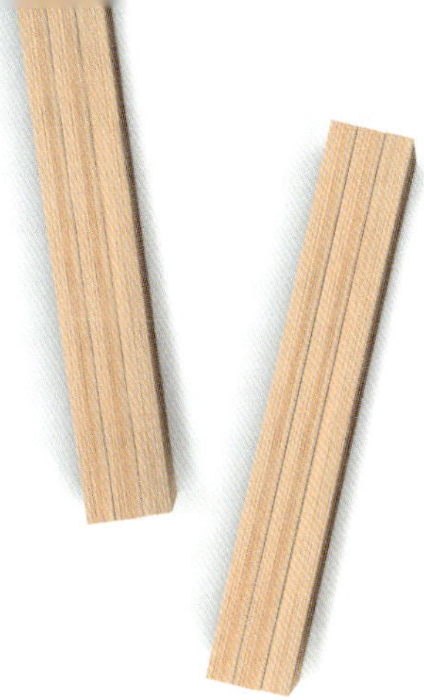

Die Vorlagen kannst du nach abgeschlossener Registrierung unter WWW.TOPP-KREATIV.DE/DIGIBIB herunterladen und ausdrucken. Der Freischalt-Code lautet: 17404.

IMPRESSUM

MODELLE: Louise Lindgrün (S. 24/25, 30-37, 50/51), Anja Schröder (16-19, 26/27, 40/41, 48/49), Michaela Richter (14/15, 20-23, 28/29, 38/39, 42-47, 52-55)

3D-ILLUSTRATIONEN: frechverlag GmbH, 70499 Stuttgart

FOTOS: lichtpunkt, Michael Ruder, Stuttgart

PRODUKTMANAGEMENT UND LEKTORAT: Magdalena Wassen

COVERGESTALTUNG: Melanie Hermann

GESAMTHERSTELLUNG: Heike Köhl

LAYOUT UND SATZ: Nina Benjamins, FSM Premedia GmbH & Co. KG

DRUCK UND BINDUNG: BALTO print, Litauen

5. Auflage 2024

ISBN 978-3-7724-8085-0 • Best.-Nr. 8085

MIX
Papier aus verantwortungsvollen Quellen
FSC® C107574

Penguin Random House Verlagsgruppe
FSC® N001967

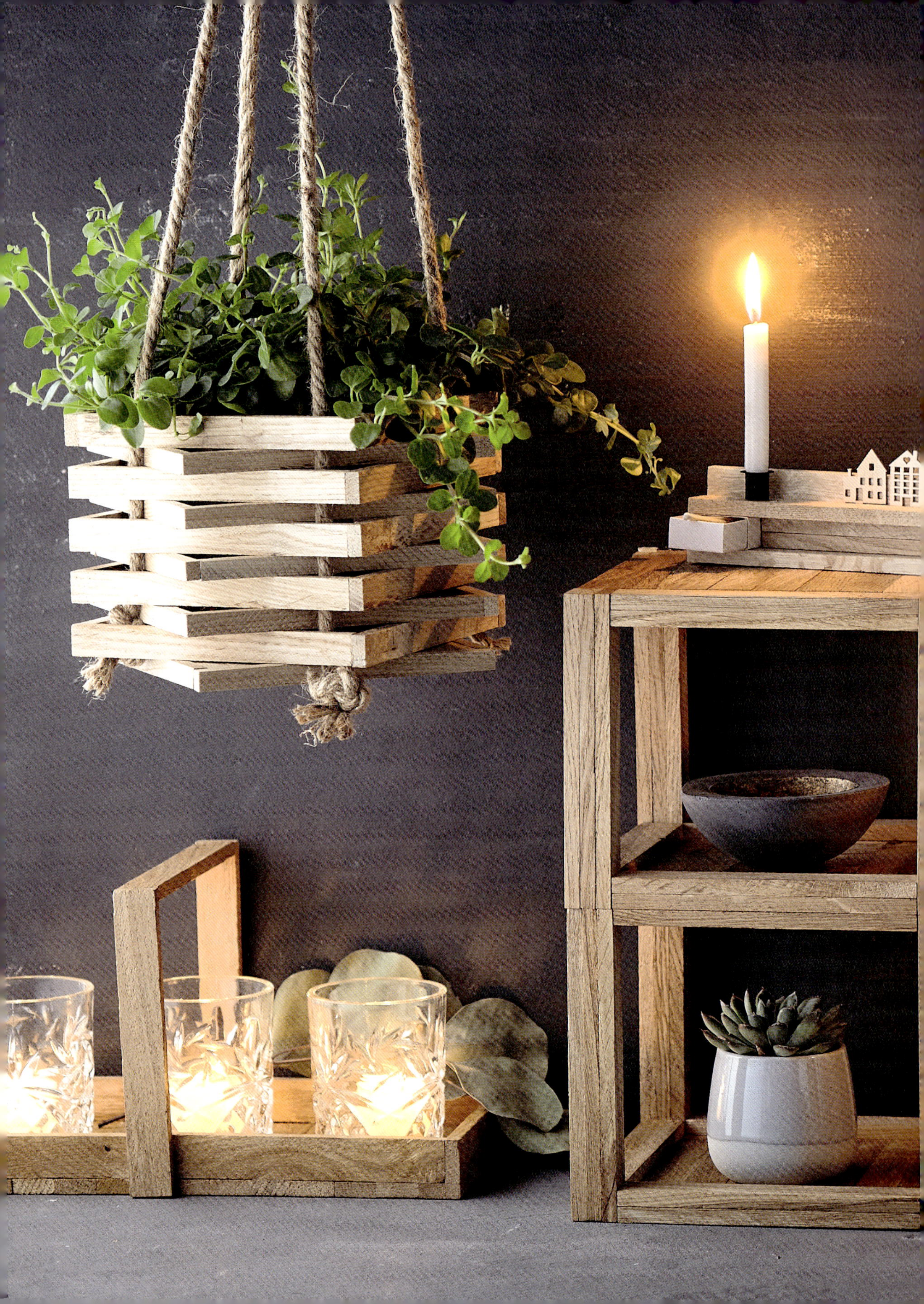